电力营销项目过程管控工作手册

国网浙江省电力有限公司衢州供电公司 组编

中国电力出版社
CHINA ELECTRIC POWER PRESS

内 容 提 要

　　本手册共 4 章，包括前期准备阶段、项目实施阶段、项目收尾阶段、项目检查阶段。本手册可在业务培训、项目实施过程中使用，让培训学习人员有系统具体的学习资料；让实际操作人员便捷查用，加快工作效率。同时，本手册还可作为一线供电公司的营销项目规范执行参考资料，是一本可执行、可学习、可参考，易学易用的项目操作手册。

图书在版编目（CIP）数据

　　电力营销项目过程管控工作手册/国网浙江省电力有限公司衢州供电公司组编.
—北京：中国电力出版社，2024.6
　　ISBN 978-7-5198-8566-3

　　Ⅰ．①电…　Ⅱ．①国…　Ⅲ．①电力工业－市场营销学－手册　Ⅳ．①F407.615-62

　　中国国家版本馆 CIP 数据核字（2023）第 245528 号

出版发行：中国电力出版社
地　　　址：北京市东城区北京站西街 19 号（邮政编码 100005）
网　　　址：http://www.cepp.sgcc.com.cn
责任编辑：肖　敏
责任校对：黄　蓓　马　宁
装帧设计：赵姗姗
责任印制：石　雷

印　　刷：廊坊市文峰档案印务有限公司
版　　次：2024 年 6 月第一版
印　　次：2024 年 6 月北京第一次印刷
开　　本：787 毫米×1092 毫米　16 开本
印　　张：8.25
字　　数：183 千字
印　　数：0001—1500 册
定　　价：65.00 元

前　言

　　近年来，地市（县）供电企业为了适应不断变化的市场形势，机构和人员频繁发生变动和适应性调整，对各级营销人员的管理和操作水平提出了更高的要求，需要对其进行更加深入和系统的培训。本书编写团队通过一线实地调研，发现当前营销工作存在两个问题：一是培训过程中，通常由管理人员担任讲课老师，靠经验讲课，系统性有待加强，缺乏系统的、具体的操作手册；二是实际工作中，操作人员基础不够扎实，没有熟练掌握营销项目管理要求和操作流程，缺乏便捷可查阅的工具书。以上问题造成营销项目实施过程中会发生操作不规范、影响财务或物资等供电公司指标的情况。为了全力打造卓越供电服务品质，满足人民美好生活的用电需要，坚持做到"供好电、服好务、用好能、守好规"，快速提升营销项目管理人员、项目负责人、项目支付及领料等实际操作人员的技能水平，方便专业人员学习、查阅相关制度要求、操作流程、信息填报和执行要点等内容，国网浙江省电力有限公司衢州供电公司牵头组织所属各级相关单位营销项目管理专家共同编写了本手册。

　　本手册结合现有国家电网有限公司和国网浙江省电力有限公司的相关规定，借助各级基层单位优秀员工的经验进行开发。本手册共 4 章，包括前期准备阶段、项目实施阶段、项目收尾阶段、项目检查阶段。本手册可在业务培训、项目实施过程中使用，让培训学习人员有系统具体的学习资料；让实际操作人员便捷查用，提高工作效率。同时，本手册还可作为一线供电公司的营销项目规范执行参考资料，是一本可执行、可学习、可参考，易学易用的项目操作手册。

　　本手册在编写过程中得到了诸多同仁的支持和帮助，特别要感谢国网浙江省电力有限公司市场营销部和营销服务中心等单位指导，在此致以诚挚的谢意！

　　随着技术的进步、系统的更新，本手册内容亦将不断滚动修编。不足之处，恳请读者批评指正，提出宝贵意见。

编　者

2023 年 12 月

目 录

营销项目是为了落实公司决策部署、实施营销发展规划、保证营销业务正常运转，利用成熟、适用和先进的技术、设备等，提升营销服务能力水平或对营销设施、设备和装置进行改造修理而形成的相对独立的项目，具体包括营销投入项目和营销检修运维项目。营销投入项目纳入综合计划项目管理，营销检修运维项目纳入自控成本性项目管理。营销项目管理包括项目储备、计划和预算、实施、验收、结算、归档、检查考核及项目后评价的全过程管理。

营销项目按照"统一管理、分级负责"的原则实施，可分为限上项目和限下项目。限上项目指国家电网有限公司市场营销部（农电工作部、乡村振兴工作办公室）确定的营销重大项目。除限上项目外的其他项目，均为限下项目。

第一章　前期准备阶段

第一节　储备管理

一、营销项目分类

（一）营销项目按照专业管理分类

营销项目按照专业管理分类，一般分为用电营业类、电能计量类、市场与能效类、营商环境类、供电服务类和代理购电类。

（1）用电营业类项目主要包括与营业管理、渠道管理、数据管理、信息化管理、网络信息安全管理等业务相关的项目。

（2）电能计量类项目主要包括与用电信息采集系统建设与改造、台区降损挖潜、计量检定检测能力建设与提升、计量资产全寿命周期管理、关口及重要客户计量装置建设与改造、现场作业安全、反窃电能力建设等业务相关的项目。

（3）市场与能效类项目主要包括与负荷管理、能效公共服务、电能替代典型示范、综合能源示范、客户安全管理能力提升、乡村电气化示范、车网互动示范应用、充电设施建设等业务相关的项目。

（4）营商环境类项目主要包括与档案室建设与改造、办电服务渠道优化升级、营商环境评价、分布式电源接入等业务相关的项目。

（5）供电服务类项目主要包括与营业网点标准化建设与改造、营业厅服务提升、客户服务过程管控、数字稽查建设、数智化供电所建设等业务相关的项目。

（6）代理购电类项目主要包括与代理购电辅助分析决策、带补贴新能源参与绿电、绿证交易支持能力提升、省间与省内、中长期与现货等各类市场交易服务能力提升等业务相关的项目。

（二）营销项目按照工作内容分类

营销项目按照工作内容分类，主要包括用户计量装置建设、用户计量装置改造、用户计量装置轮换、用电信息采集运维、拆回电能表返厂修理、拆回电能表分拣、港口岸电运维、充电站场地租赁、营销设备设施运维等项目。

（三）营销项目按照特点分类

营销项目按照特点分类，主要包括营销施工类、营销建设类、营销创新类、营销运维类和其他营销类。

营销施工类项目指有建筑安装工程费支出的项目，营销建设类项目指营销施工类以外的营销设备设施建设与技改项目，营销创新类项目指与营销业务相关的新技术、新模式、新应用试点类项目，营销运维类项目指对营销设备及其附属设施进行维修维护的项目，其他营销类项目是除以上项目外的营销项目。

（四）营销项目按照重要性等级分类

营销项目按照重要性等级分类，主要分为四个级别：A 级、B 级、C 级、D 级。A级为关系安全生产的刚需项目，B 级为服务经营发展的基本项目，C 级为服务长远发展需要的优化提升项目，D 级为在投入能力富余情况下可安排实施的预备项目。

二、营销项目储备库建立

根据营销发展情况和国网浙江省电力有限公司（简称省公司）重点工作，省公司营销部每年二季度制定下年度重点投资方向，发布营销储备分类清单。各单位依据营销发展投资重点方向、分类清单组织开展下年度营销储备工作，保障营销重点工作开展。

（1）营销储备项目是编制年度项目计划和预算的重要基础，公司、各单位编制或调整年度营销项目计划和预算时，所安排项目均应从储备库完成可研批复项目中选择。未纳入储备库或者纳入储备库未批复项目均不得列入年度计划和预算。

（2）营销项目储备应建立省公司、市公司（直属单位）、县公司三级项目储备库，分别由省公司营销部、市公司营销部（直属单位营销项目管理部门）、县公司营销部负责管理。

（3）营销储备项目库按照分级编制、逐级提报方式建立。

1）县公司营销部收集、整理本单位下年度营销项目需求，并编制下年度营销储备项目汇总表、项目可研报告（项目说明书），确定项目重要性等级，经本单位营销部初审后上报市公司。

2）市公司营销部组织对各县公司营销项目需求进行审核，市公司营销部、直属单位营销项目管理部门编制本单位下年度营销储备项目汇总表、项目可研报告（项目说明书），开展市公司评审批复授权范围内的营销项目可研评审、批复，根据项目重要性等级总体进行排序，汇总本单位及下级单位的需求形成营销项目储备库并上报公司营销部。

3）省公司营销部组织对各市公司、直属单位营销项目需求进行审核，并编制本单位下年度营销储备项目汇总表、项目可研报告（项目说明书），开展市公司评审批复授权范围外的营销项目可研评审、批复，根据项目重要性等级总体进行排序，汇总本单位及下级单位的需求，汇总形成营销项目储备库如图 1-1 所示。

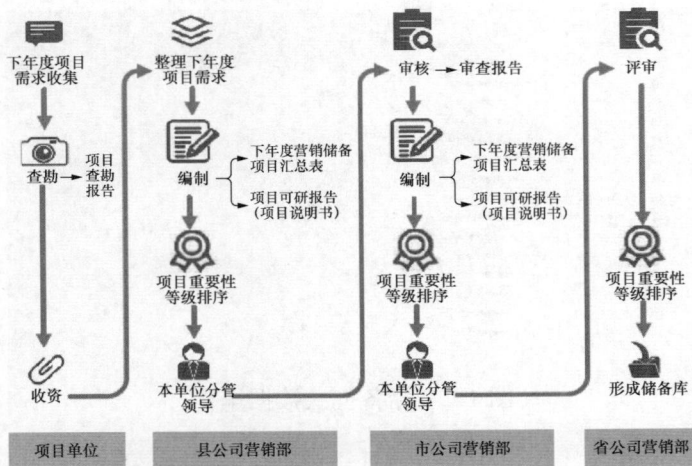

图 1-1　营销项目储备库

4）一般情况下，营销投入项目应于每年 6 月底完成下一年度项目需求论证，9 月底完成可研评审及收口，10 月底完成可研批复。营销检修运维项目应于每年 7 月底完成下一年度项目需求论证，10 月底完成可研评审及收口，11 月底完成可研批复。

（4）营销项目储备应遵循常态化储备，"实时入库、动态调整"的原则。

1）根据公司经营发展需要和常态化储备要求，各级单位完成项目需求的可研评审后，录入营销项目管理模块，即可入库。

2）项目出库前，如需对营销储备项目进行调整，应重新履行项目储备入库程序。

3）在下一年度建立储备项目时，应对上一年营销项目储备库中的剩余项目逐一梳理，统筹利用。

4）储备项目应单个项目逐项论证、评审。在计划建议阶段，同一项目分类、同等重要性等级、同一实施单位的项目，可以进行打捆，打捆后项目总金额一般不能超过 1000 万元，不同项目单位的项目原则上不允许打捆。

三、项目管控平台储备库操作

项目储备需求申报的功能包括添加申报项目、项目信息编辑、项目数据填报、项目数据查看、项目数据导入、项目数据导出、超标数据一览、查勘报告上传/下载等功能。项目基本信息具体包括造价状态、储备编码、项目名称、项目单位、项目年份、项目性质、实施类别、专业分类、二级分类、预估投资、审批状态、审批记录、操作等。

1. 储备批次管理

业务流程及图示：

点击菜单栏的"营销项目全过程管理"—"项目储备管理"—"储备批次管理"模块，选择对应的计划批次，点击"进入填报"。储备批次数据填报如图 1-2 所示。

图 1-2　储备批次数据填报

2．添加储备项目

业务流程及图示：

（1）点击右上方"填报"—"进入填报"，点击主界面中的"添加"按钮，进入添加储备项目信息界面。添加储备项目如图 1-3 所示。

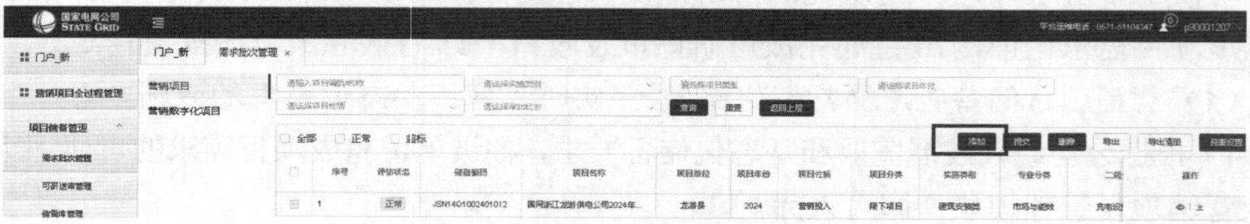

图 1-3　添加储备项目

（2）填写要添加的项目的基本信息，其中，红色星号的为必填项，是否跨年如果选"是"，则需要选择跨年主项目，项目名称会根据填写的信息自动生成，也可以进行修改。填写项目信息如图 1-4 所示。

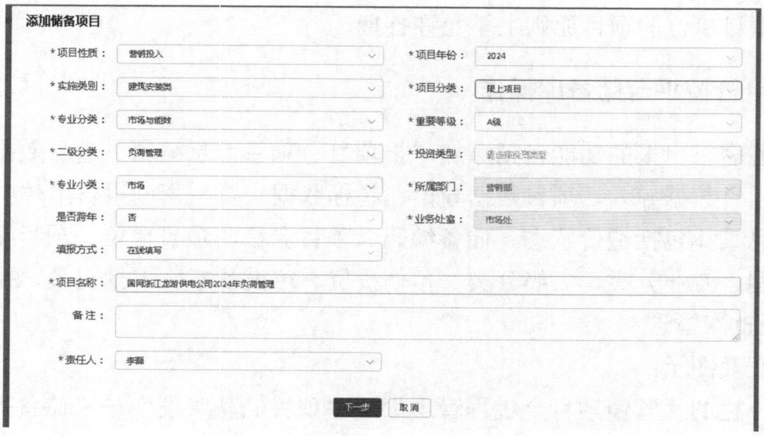

图 1-4　填写项目信息

（3）点击"下一步"按钮创建需求项目，并跳转到数据填报页面。

注：有些必输字段输错会影响项目的其他信息，如运维类项目性质选成了营销投入，项目年份默
认是当前年份的后一年。

3. 编辑填报数据页面

业务流程及图示：

点击"进入填报"菜单栏的"操作"下的"编辑填报数据"按钮，跳转到编辑填报
数据页面，用于填报项目的需求数据。需求数据填报如图1-5所示。

图 1-5　需求数据填报

4. 工程量数据填报

业务流程及图示：

（1）点击左侧的事项管理下的子节点，可打开对应类型的事项选择窗口，在窗口中
勾选需要填写的事项。添加事项管理如图1-6所示。

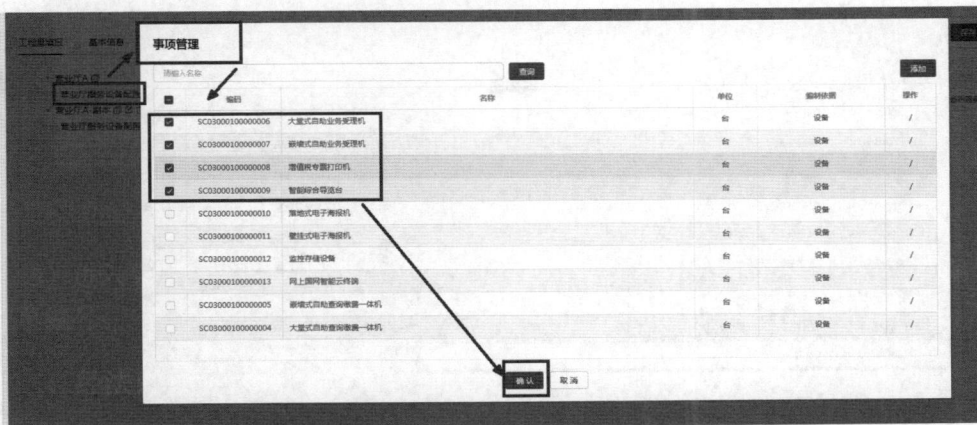

图 1-6　添加事项管理

（2）点击"确定"按钮，可将选择的事项添加到右侧的列表中，对于营业厅等树形
节点，根节点后面有"复制"按钮，在下方添加一个复制的节点，用于多个营业厅情况

的数据填报。右侧的列表中，展示所选择的事项，可填写对应的数量，部分没有预置单价的还需要填写单价，填写之后自动计算费用，点击"保存"按钮，可将填写的数据保存。工程量数据填报如图 1-7 所示。

图 1-7　工程量数据填报

5. 事项管理

业务流程及图示：

（1）点击左侧树形结构的子节点，打开事项管理弹窗，在弹窗中勾选预置的事项，也可单击右上角的"添加"按钮，添加自定义的事项，自定义的事项在其他同类项目中也会显示，自定义的事项需要填写事项名称、单位、编制依据。

（2）编制依据通常依据实际情况填写的是定额编号/设备/MD 估价/MT 估价/MJ 估价。其中，估价会按照 MD/MT/MJ 的开头分别计算到安装工程费/建筑工程费/检修运维费中，"主材"则是由于包含在定额中，所以不计入总费用。

（3）单击"确认"按钮，可将勾选的事项添加到项目需求数据的表格里。工程量数据填报如图 1-8 所示。

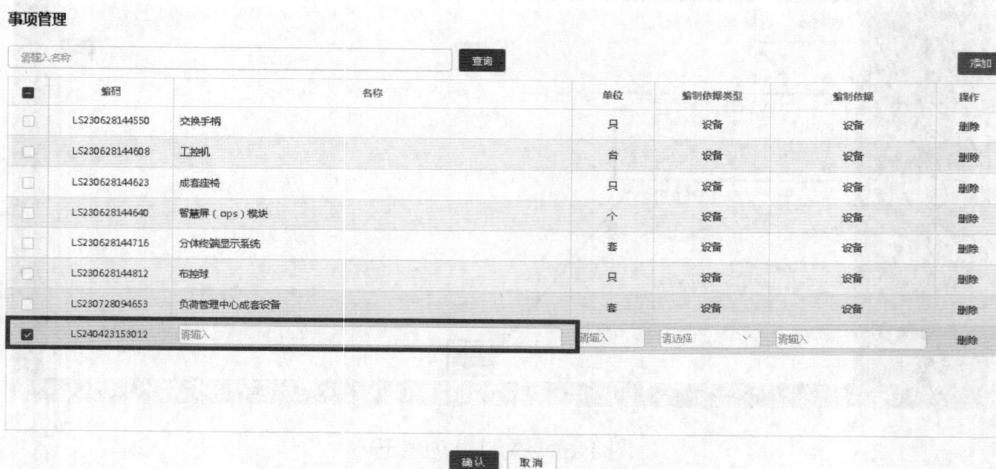

图 1-8　工程量数据填报

第二节　可研管理

一、营销项目可研报告编制

营销项目储备须开展可行性研究，投资在 200 万元及以上的营销项目由具体负责项目实施的部门及单位（简称项目单位）负责或委托符合资质要求的单位编制可研报告，其他项目可编制项目说明书。

项目可研报告主要包括项目必要性、项目建设目标、项目内容及建设方案、主要设备材料清册、投资估算书、效益分析等。项目说明书主要包括项目必要性、项目内容、项目方案、投资估算等。

项目可研应合理测算项目投资规模，严禁估列费用。营销项目取费标准原则上参照省公司最新发布的营销项目计价依据，未涵盖部分可参照国家及地方相关标准、国家电网有限公司（简称国家电网）有关标准执行。

二、营销项目可研报告评审与批复

（一）可研评审

国网浙江省电力有限公司经济技术研究院（简称省经研院）负责评审的营销项目包括：营销施工类、创新类及项目投资在 200 万元以上的建设类项目；港口岸电系统运维等运维类项目；直属单位营销项目及省公司委托的营销项目。其他营销项目委托各市经研所进行评审。评审通过后，评审单位应及时出具评审意见。各级营销项目管理部门在职责范围内根据评审意见以正式文件的方式批复可研。

营销项目可研评审侧重于项目必要性、项目主要技术方案可行性、项目投资测算合理性，主要包括：项目可研报告编制所依据的规程、规范和标准等；项目可研报告文件是否完整，深度是否满足规定；所涉及的设备（装置、设施等）的运行现状、技术资料、故障缺陷及存在问题的统计或分析；设备（装置、设施等）改造修理的技术依据或相关检测报告；项目实施条件及临时过渡方案等；项目多方案技术经济比较；项目建设内容、建设规模、工程投资、取费标准、材料价格等；相关外部协议。

（二）可研批复

对已获可研批复的营销项目，可研技术方案或投资估算发生较大调整，应按照可研评审程序重新进行复核。取得复核评审意见后，可研批复单位以正式文件的方式批复。需要复核的项目主要包括：项目主要技术方案和建设规模发生较大变化、初步设计概算超过可研估算 15%。

第三节 计划与预算管理

一、项目计划和预算下达

营销项目计划和预算是国家电网综合计划和全面预算的组成部分，纳入公司综合计划和全面预算管理。营销部根据公司营销发展形势，结合营销项目储备和各单位提出的营销专项投入规模建议情况，向公司发展部和财务部提出下一年度电力营销投入与电力营销检修运维项目计划和预算建议，其中，电力营销投入项目计划和预算建议同时上报国家电网有限公司营销部。各单位营销项目管理部门根据公司下达的年度营销项目计划和预算总控安排及营销项目储备情况，结合本单位投资能力，开展营销项目计划和预算建议编制，并报送本单位发展部门和财务部门。

项目计划和预算的确定，坚持局部服从全局、专项服从综合、各种要素优化配置的原则。年度营销项目计划和预算由公司发展策划部和财务资产部分别纳入公司综合计划和全面预算统一下达。年度营销项目计划和预算下达后，各单位可根据具体情况分批分解项目计划。各单位要严格执行公司下达的营销项目计划和预算，严禁计划和预算外安排项目。

二、项目计划和预算调整

营销项目计划下达后，原则上不做调整。因涉及国家、地方及行业政策，企业经营情况变化，电网安全运行等突发性原因需要调整的项目，应按公司综合计划、全面预算管理办法及工程财务管理办法有关规定程序办理。

营销项目调整类型包括年度投入规模调整和投入规模内项目调整。

（1）年度投入规模调整：当项目投入规模需调整时，应由各单位提出调整建议，报公司营销部审核，根据公司年度综合计划和全面预算调整统一安排开展工作。

（2）投入规模内项目调整：新增项目应来源于储备库且完成可研批复；新增或删除项目应按照管理权限履行调整程序。

因自然灾害或不可抗力突发的、威胁电网安全的应急项目及公司决策急需实施的营销项目等，由公司营销部组织审核，按公司相关管理文件和项目建设程序可先组织实施。各单位在项目开始实施20个工作日内，履行项目储备入库程序。如需调整本单位营销项目计划和预算规模，向公司营销部提出调整建议，公司营销部会同发展策划部和财务资产部，履行公司决策程序后，统一纳入综合计划和预算调整。

三、项目下达 ERP 系统操作

1. 操作简介

项目经过财务审核，由项目管理部门在系统中对项目执行下达的操作，项目下达后才可以进行相关物资采购、服务采购需求的提报。

2. 系统菜单及交易代码

系统菜单及交易代码如表 1-1 所示。

表 1-1   **系统菜单及交易代码**

ERP 菜单	后勤→项目系统→项目→CJ20N-项目构造器
事务代码	CJ20N

3. 系统操作及栏位解释

业务流程及图示：

（1）在交易代码栏输入交易代码"CJ20N"，点击回车键或点击☑。系统操作及栏位解释如图 1-9 所示。

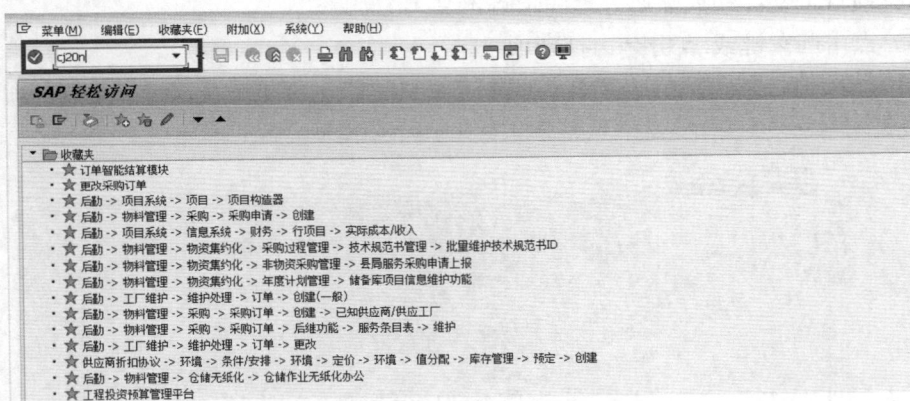

图 1-9　系统操作及栏位解释

（2）点击"打开"按钮，在弹出的对话框"打开项目"中输入项目定义。在项目构造器中查询项目如图 1-10 所示。

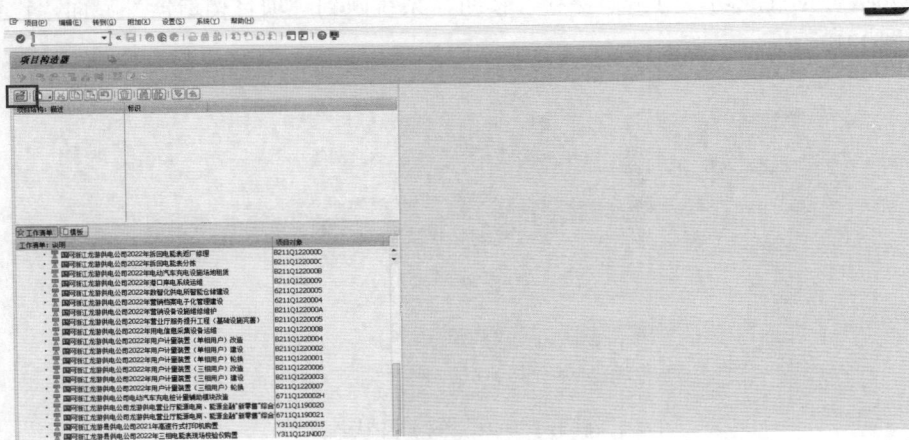

（a）项目构造器中查询项目（一）

图 1-10　项目构造器中查询项目（一）

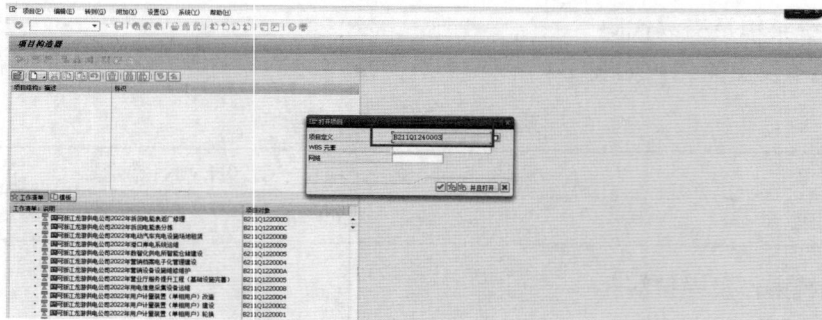

（b）项目构造器中查询项目（二）

图 1-10　项目构造器中查询项目（二）

（3）项目定义：输入需要处理的项目定义。

（4）点击回车键或.点击✅，打开项目。

（5）选中项目定义层，点击菜单"编辑"—"状态"—"下达"。查询需处理的项目如图 1-11 所示。

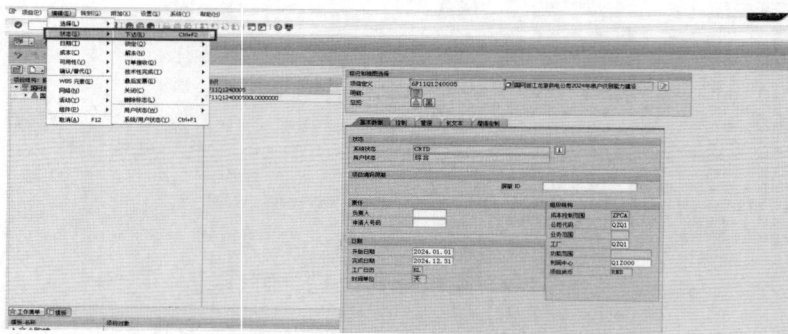

图 1-11　查询需处理的项目

（6）状态设置成功，点击"保存"按钮，系统回到"项目构造器"界面，设置项目状态如图 1-12 所示。

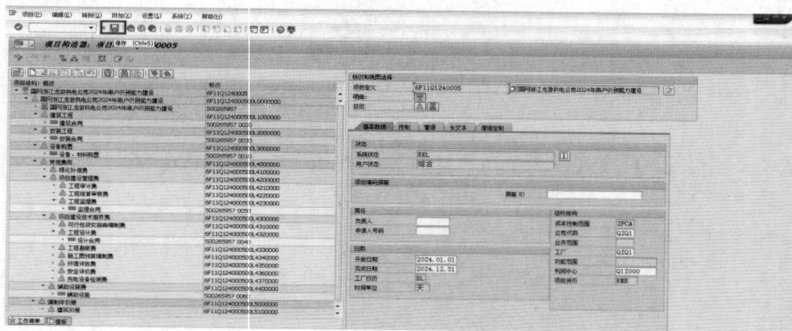

图 1-12　设置项目状态

注：完成项目下达操作，项目下达是财务能否记账、物资能否发货到项目的前提条件，下达后项目系统状态将由"CRTD"变成"REL"。

四、成本性项目预算调整操作

1. 系统登录

国家电网用户采用门户单点登录方式。用户登录统一项目储备库管理系统地址：http://app.pmr.sgcc.com.cn:21109/base/sso/login/index.action，输入对应用户名密码即可登录。统一项目储备库系统如图 1-13 所示。

图 1-13　统一项目储备库系统

2. 预算调整

预算调整功能包括金额调整及项目调整，金额调整包括总投资调整、投资计划调整、财务支出调整。系统中可在字段"总投资调整后、投资计划调整后、财务支出调整后"对对应的金额进行编辑。对于特殊项目（营销投入、信息化投入），要根据资金属性区分进行编辑，如成本性项目，须对字段"总投资调整后、投资计划成本性调整后、财务支出成本性调整后"进行编辑。

预算调整（金额调整/项目调整）的调整生效的节点改为"最终审核"，即通过了最终审核，生效后的项目可再次进行调整。

业务流程及图示：

（1）挑选出来的项目，"总投资调整后""投资计划调整后""财务支出调整后"不为空，且都是自动显示调整前的值。预算管理项目挑选如图 1-14 所示。

（2）双击可编辑"总投资调整后""投资计划调整后""财务支出调整后"，所有项目（包括子项目）编辑完保存。预算管理调整编辑如图 1-15 所示。

3. 预算调整审核

业务流程及图示：

（1）各级公司业务专责发送完项目后，同级财务专责登录统一项目储备库管理系统，可在预算管理→调整审核→待审核中查看到送审来的项目的"总投资调整后""投资计划调整后""财务支出调整后"，可选择审核/回退。预算管理调整审核如图 1-16 所示。

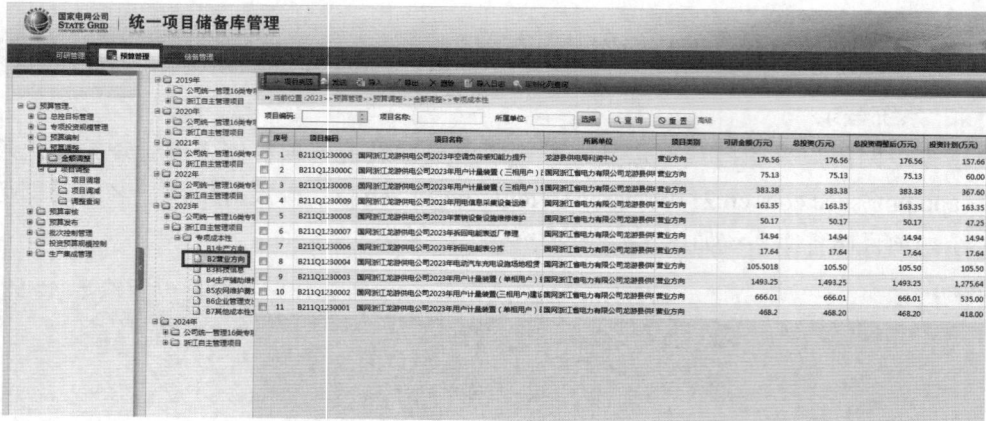

图 1-14　预算管理项目挑选

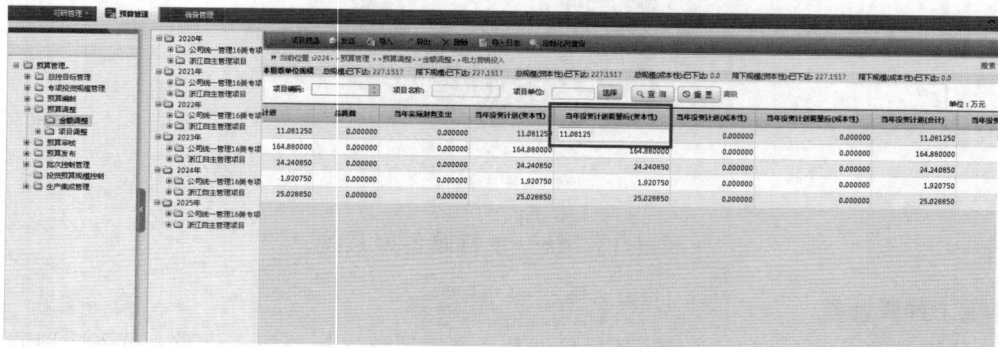

图 1-15　预算管理调整编辑

图 1-16　预算管理调整审核

（2）各级业务专责及财务专责在发送或审批完之后，可在预算管理→调整审核→已审核中查看到已审批过的项目的信息。

第二章　项目实施阶段

营销项目预算下达后 1 个月内，各级营销项目管理部门组织线上编制项目里程碑计划，并报送至公司营销部备案。项目里程碑计划应包括项目招标采购、合同签订、财务支出入账等关键环节的工作目标和时间计划，实施全流程跟踪。

项目单位应严格按照项目里程碑计划组织项目实施，如有特殊原因，需要调整里程碑计划的，应上报公司营销部批准。营销计量施工、采集运维等多个供电所实施的项目，应以供电所为单位设立项目子项，并建立里程碑计划，加强进度管控。

第一节　项目初步设计管理

一、初步设计

初步设计是在项目可研报告的基础上进一步细化各分部工程，以满足设备招标订货及工程实施需要等要求而编制的设计文件，初步设计概算是项目投资控制的重要依据。

项目单位应按照公司相关规定，编制初步设计文件或实施方案（营销创新类项目除外）。投资在 200 万元及以上的充电设施建设改造、港口岸电建设改造和营销用房修缮升级等营销施工类项目应委托具有相应资质的设计单位编制初步设计，其他项目可编制实施方案。

初步设计应以批准的项目可研报告为依据，严禁擅自扩大规模或提高标准。初步设计概算应控制在可研估算投资之内，对于初设概算超可研估算情况，应对超出原因作出分析及说明，征得可研批复单位的同意并出具变更意见。

初步设计文件应包括以下内容：①封面；②初步设计文件目录；③设计说明书；④设计图纸；⑤主要设备材料清册；⑥临时过渡措施；⑦拆旧设备清单及处置意见；⑧工程概算书。

项目单位在设计单位提交初步设计（实施方案）10 个工作日内，初评后上报上级部门进行审批。具体审批流程如下：

（1）省公司本部营销项目初步设计（实施方案）、下级项目单位营销限上项目初步设计（实施方案）由省公司营销部组织省经研院等具有项目评审资质的单位进行评审，评审通过后出具评审意见，省公司营销部根据评审意见以正式文件的方式批复。

（2）直属单位、市公司与县公司营销限下项目初步设计（实施方案）分别由直属单位营销项目管理部门、市公司营销部组织省经研院或市经研院（所）等具有项目评审资质的单位进行评审，评审通过后出具评审意见，直属单位营销项目管理部门、市公司营销部根据评审意见以正式文件的方式批复。

（3）营销重大项目初步设计，必要时国家电网有限公司市场营销部直接组织审批。

营销项目在实施过程中，不得擅自变更设计，不得擅自超出项目概算。因特殊原因造成设计内容发生变化（项目主体工程的规模、数量变化超过 15%、实施方案、技术路线发生根本变化等）或超过概算时，应按照初步设计评审程序重新进行评审，项目可研批复部门（单位）应派人参加。其他情况可由项目单位履行设计变更手续。

营销施工类项目，项目单位应根据批复的项目初步设计，组织施工设计及预算的编制和评审，项目实施过程中应严格执行评审批准的预算。

二、资本性项目概算导入 ERP 系统操作

只有资本性项目需要做概算导入，后期可以根据项目预算调整概算，成本性项目不需要导入概算，也没有调整概算的说法。

综合计划下达的营销项目必须通过 ERP 系统导入概算。操作步骤如下：

1. 项目概算导入

系统菜单及交易代码如表 2-1 所示。

表 2-1   **系统菜单及交易代码**

ERP 菜单	非生产项目自动竣工决算操作与查询平台
事务代码	ZPS_200

业务流程及图示：

（1）在交易代码栏输入交易代码"ZPS_200"，点击回车键。非生产项目自动竣工决算操作与查询平台如图 2-1 所示。

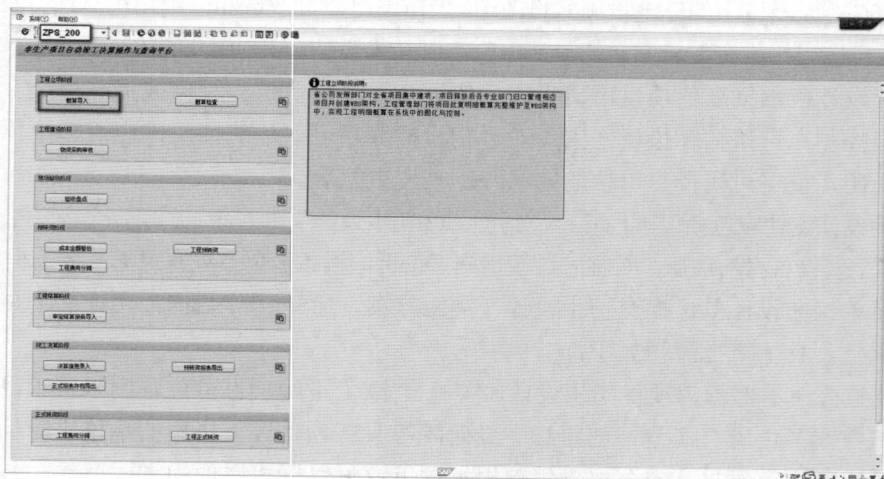

图 2-1　非生产项目自动竣工决算操作与查询平台

（2）点击概算导入，填写项目定义后，点击回车键，系统自动匹配对应的项目，选中项目，点击确认。工程概算导入如图 2-2 所示。

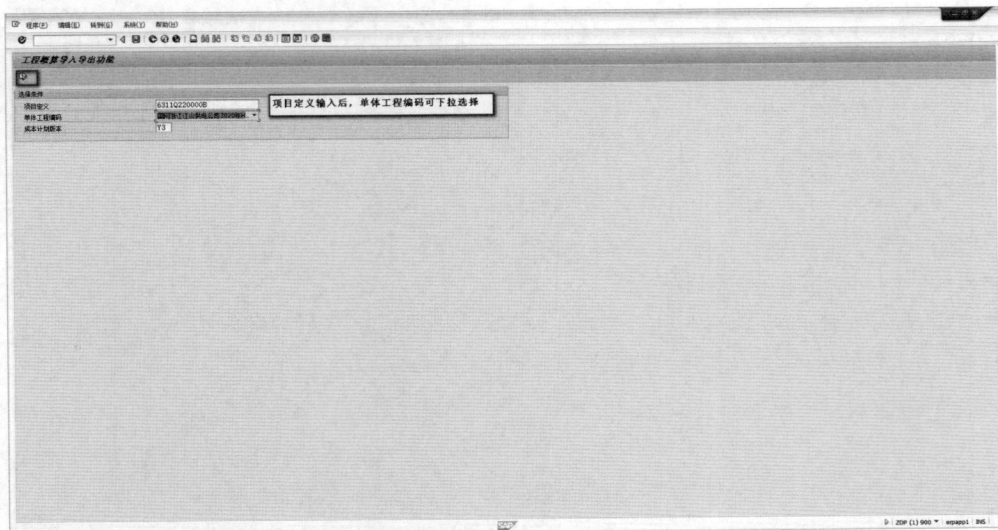

图 2-2　工程概算导入

（3）编制概算金额，编制完成后，点击"提交"按钮。编制概算金额如图 2-3 所示。

注：概算书中项目审价费可对应图 2-3 中工程结算审核费，概算书中项目审计费和工程决算审核费可对应上图中工程审计费，其他的各项和概算书中的费用一一对应即可。

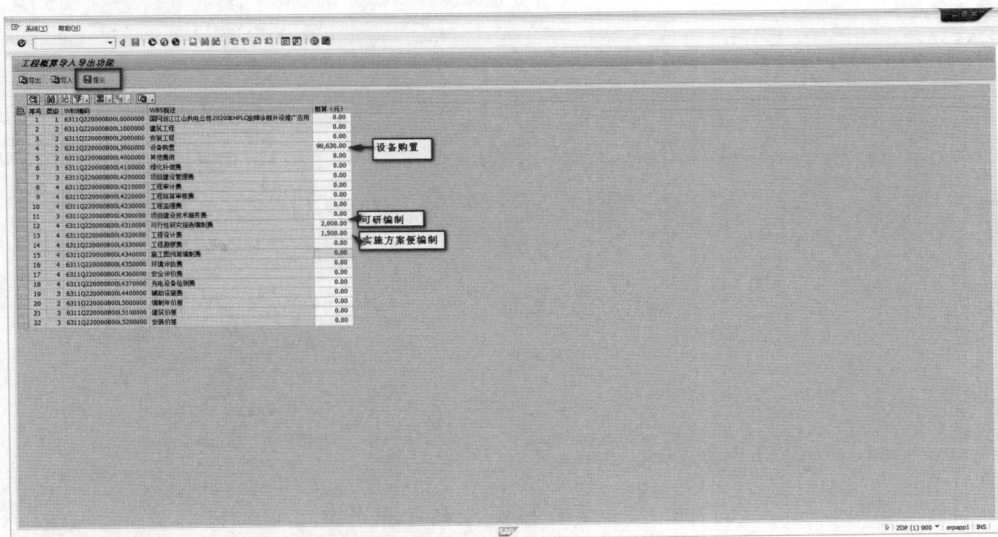

图 2-3　编制概算金额

2. 总投编制

业务流程及图示：

（1）在交易代码栏输入交易代码"ZFI1402063"，点击回车键，点击总投编制。工程投资预算管理平台如图 2-4 所示。

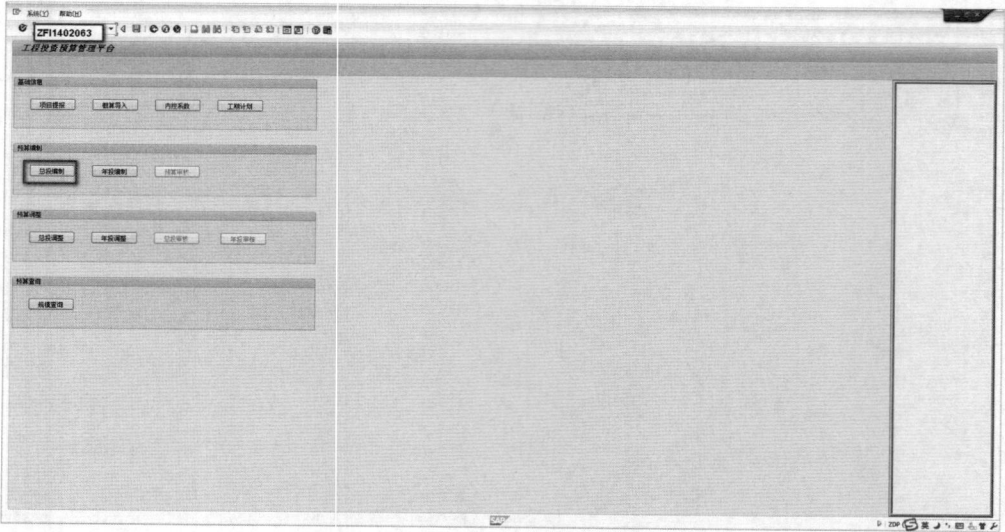

图 2-4　工程投资预算管理平台

（2）输入公司代码和项目定义，然后点击确认按钮。工程投资预算管理平台如图 2-5 所示。

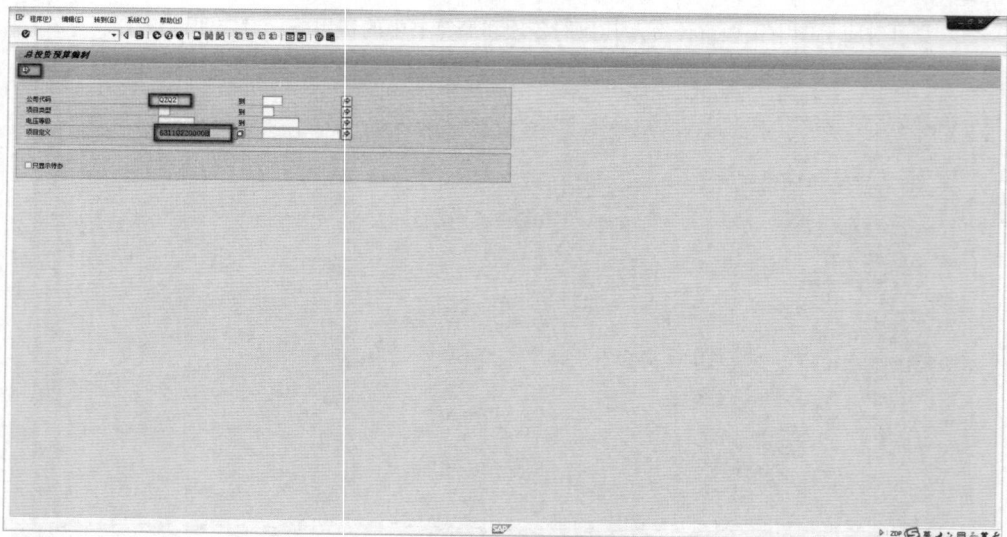

图 2-5　工程投资预算管理平台

（3）点击工期维护选项卡，如图 2-6 所示。

（4）维护计划开工日期和计划投产日期，然后保存。特别注意，实际开工日期和实际投产日期不在概算导入的时候填写，一旦维护保存后续无法修改，会对项目后续转资造成影响。时间维护如图 2-7 所示。

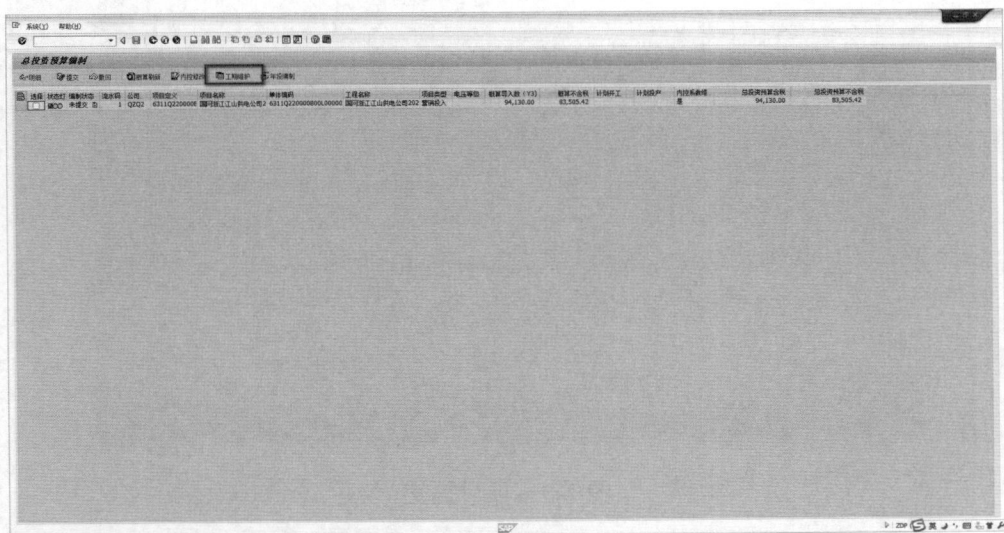

图 2-6 工期维护

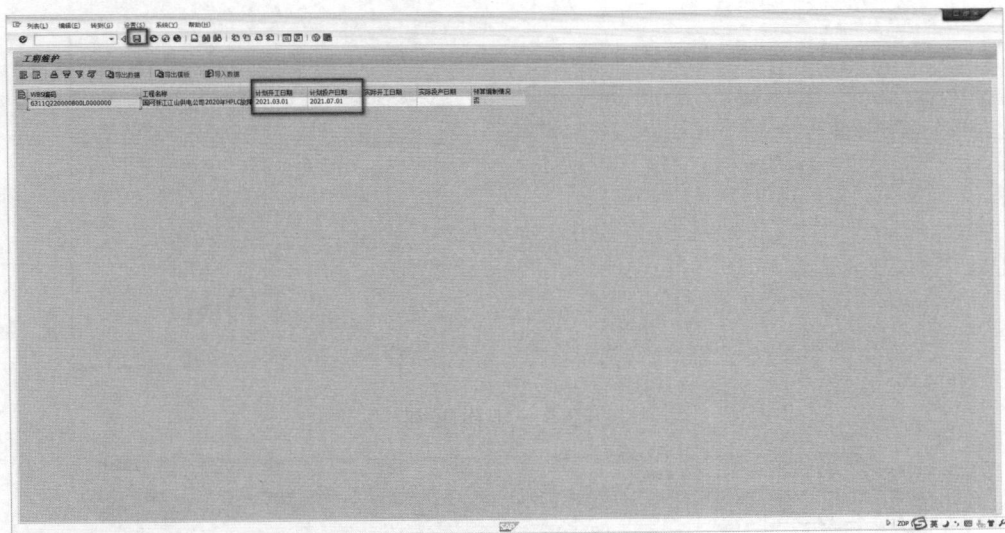

图 2-7 时间维护

（5）选择对应的项目并提交审核，财务部相关人员对总投进行审核。项目提交如图
2-8 所示。

3. 年投编制

业务流程及图示：

（1）总投编制财务审核完毕后，在交易代码栏输入交易代码"ZFI1402063"，点击回
车，点击年投编制，如图 2-9 所示。

（2）输入年度、公司代码和项目定义，然后点击确认按钮。年投预算编制如图 2-10 所示。

（3）维护年度投资，选择项目并提交，完成年度投资编制。年投提交如图 2-11 所示。

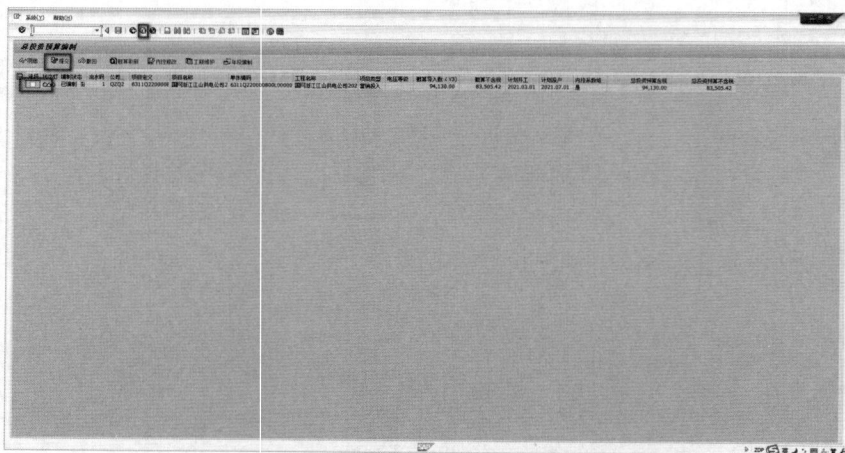

图 2-8 项目提交

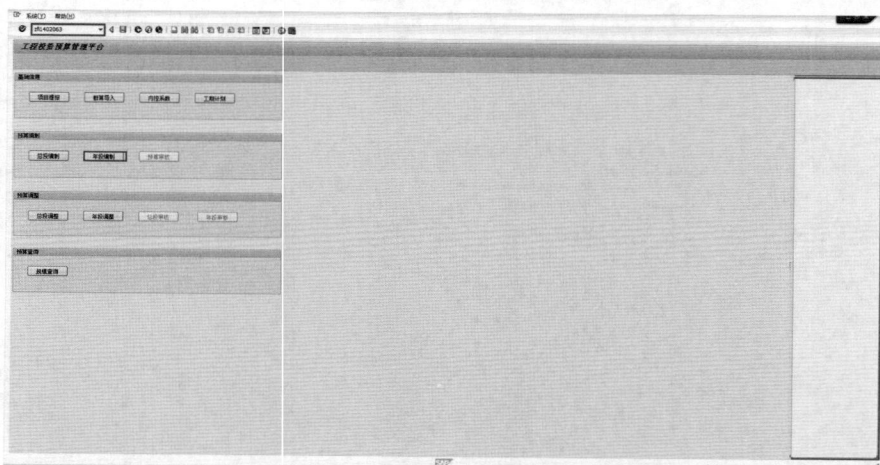

图 2-9 年投编制

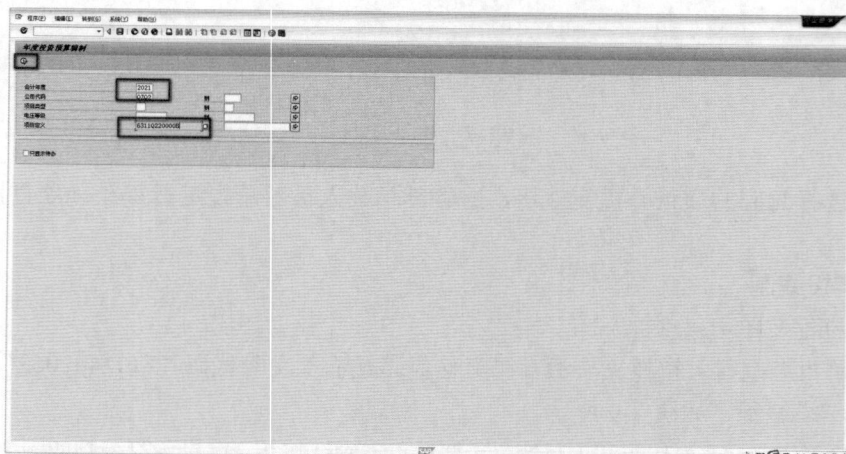

图 2-10 年投预算编制

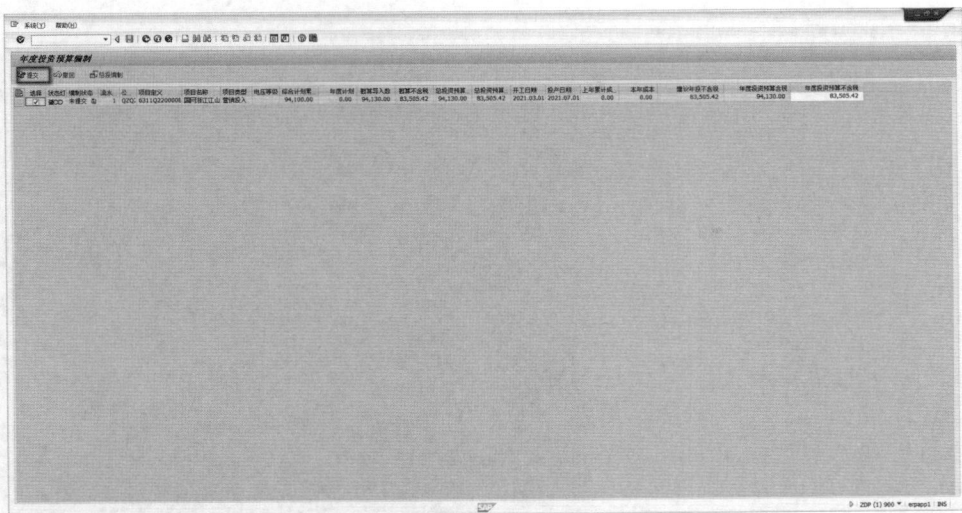

图 2-11　年投提交

三、资本性项目概算调整 ERP 系统操作

当营销项目因资金调整等原因需进行总投调整和年投调整时，可以通过概算导入 ERP 系统操作重新编制概算金额，编制完成后，点击提交按钮。具体操作步骤重复图 2-4～图 2-11。已发生费用的资本性项目，如果概算调整时项目总金额有变化则无法直接导入，需要联系财务部门完成相关审批流程。

第二节　采　购　管　理

项目采购主要包括物资采购和服务采购两种。物资采购即项目所涉及设备、主材等采购，服务采购一般包括建筑安装的施工采购、运维、维修维护、设计、监理、充电桩检测、可研编制、实施方案编制、项目审价等。

物资的采购方式一般包括国家电网（省公司）批次、授权采购、协议库存履约、国网商城（超市化）采购。服务采购方式一般包括国家电网（省公司）批次、授权采购。通过国家电网（省公司）批次、授权采购等招投标方式的需在 ERP 系统中使用 ZMM14205 进行相关操作，登录物资云平台编制年度需求计划，然后再提报招标采购需求。

一、年度需求计划

1. ERP 系统建项

营销项目下达以后，需编制年度需求计划，需求计划编制操作步骤如下。

业务流程及图示：

（1）在交易代码栏输入交易代码"ZMM14205"，点击回车键。ERP 系统登录界面如图 2-12 所示。

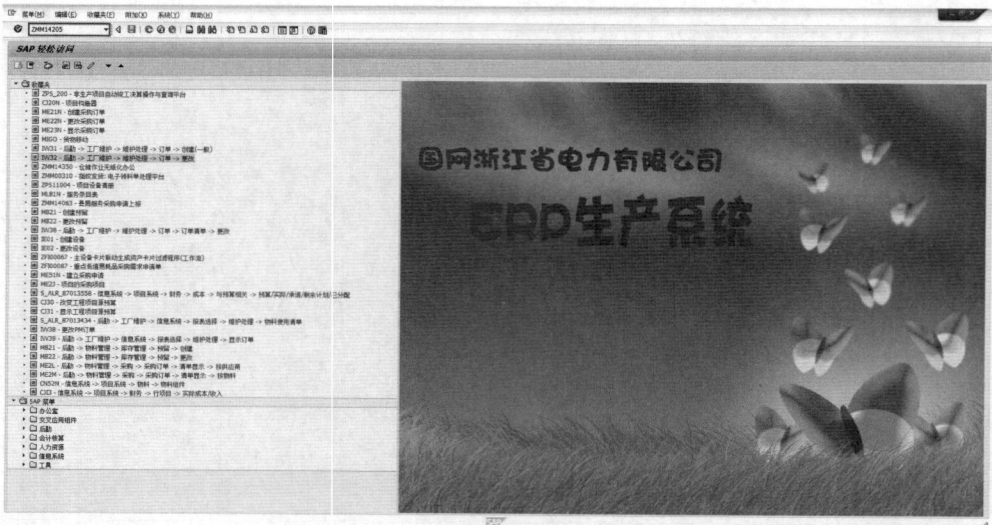

图 2-12　ERP 系统登录界面

（2）输入项目单位和计划年度，综合计划下达的营销项目选择项目中台，从列表中选择相应的项目，点击生成工作分解结构（work breakdown structure，WBS）；非综合计划项目选择自建项目。储备库项目新建如图 2-13 所示。

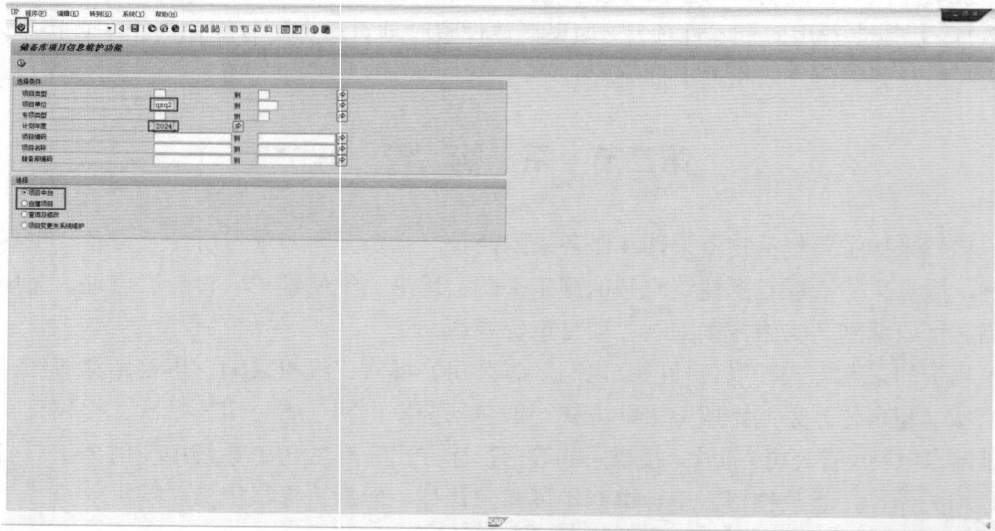

图 2-13　储备库项目新建

（3）通过新增行或者导入模板的方式完成项目创建，维护必要的信息以后，点击生成 WBS。项目信息维护如图 2-14 所示。

注：项目名称统一按照单位简称＋需求部门名称（如需要）＋年份＋采购内容，采购内容应结合具体工作内容并参照服务主数据特征值描述填写。

营销项目标准项目定义一般选择"6X11MB100001‖浙电营销项目自动竣工决算标准

模板"。项目状态选择"03||计划"。

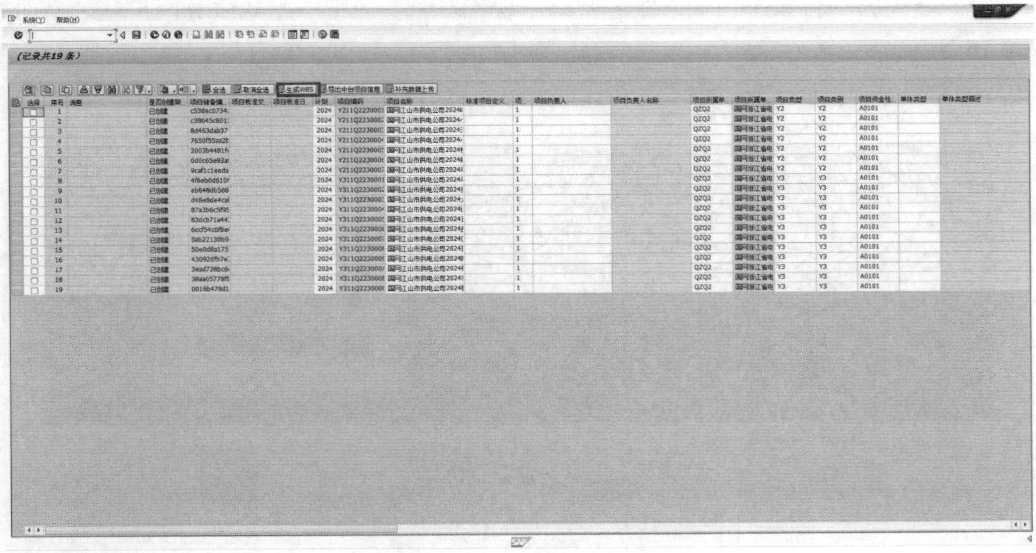

图 2-14　项目信息维护

（4）WBS 生成后，选择查询及修改，进入项目界面后，选中对应的项目，点击提交物资审批。由物资部门审批并同步至总部和云平台。项目提交如图 2-15 所示。

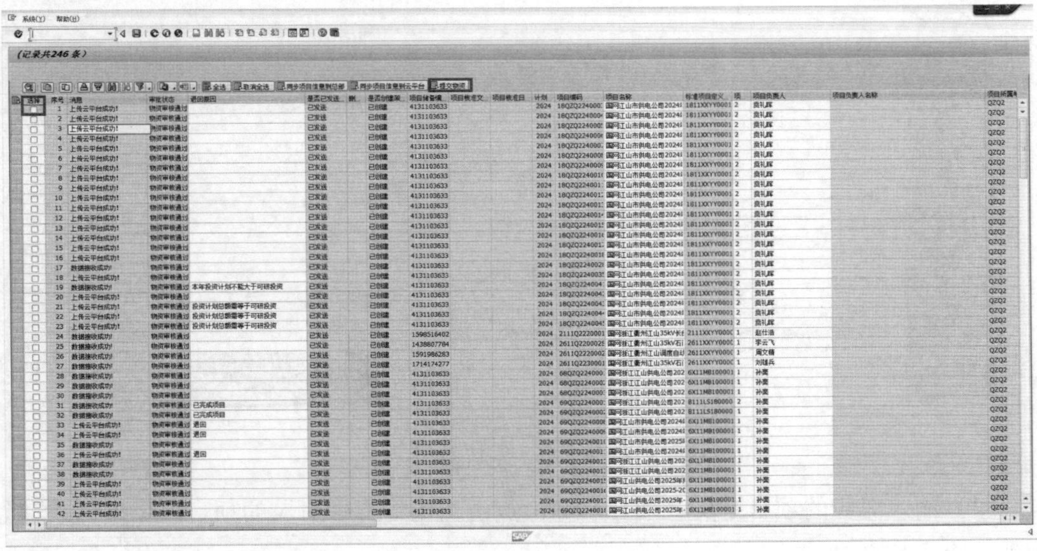

图 2-15　项目提交

2. 云平台编制年度需求

中台和营销项目由物资部门审核通过并同步云平台后，登录现代智慧供应链一站式服务门户（云平台），网址为 http://zhwz.prod.cloud.zj.sgcc.com.cn/portal/login。

业务流程及图示：

（1）登录云平台系统，输入账号密码。现代智慧供应链一站式服务门户登录界面如图 2-16 所示。

图 2-16　现代智慧供应链一站式服务门户登录界面

（2）进入计划管理—年度需求计划编制。计划管理如图 2-17 所示。

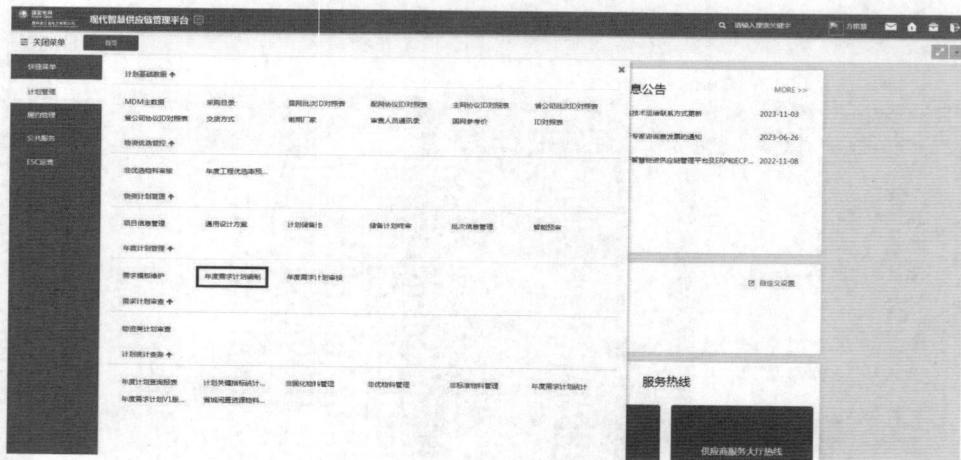

图 2-17　计划管理

（3）输入对应的项目定义或项目名称，点击查询，选中对应的项目。年度需求计划编制如图 2-18 所示。

（4）点击新增，在新增里填写物资或者服务需求，填写正确的信息以后点击确定。需求新增如图 2-19 所示。

（5）编制完成年度需求后，选中需求点击提交按钮，年度需求需县市省物资审批。需求提交如图 2-20 所示。

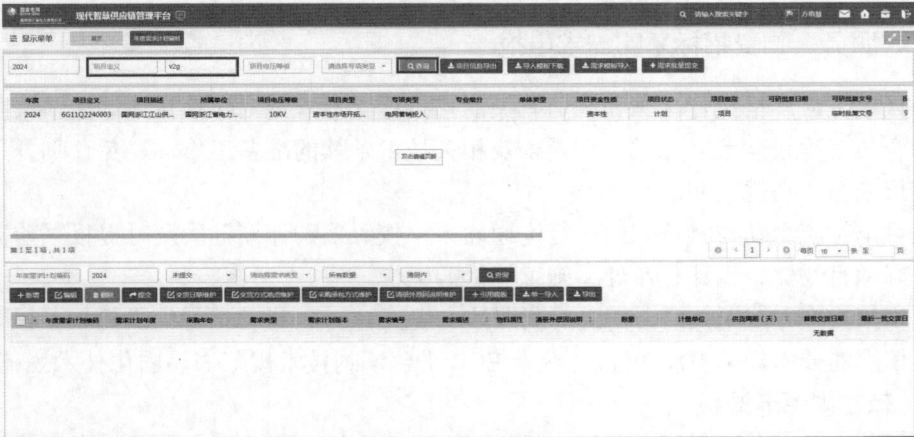

图 2-18 年度需求计划编制

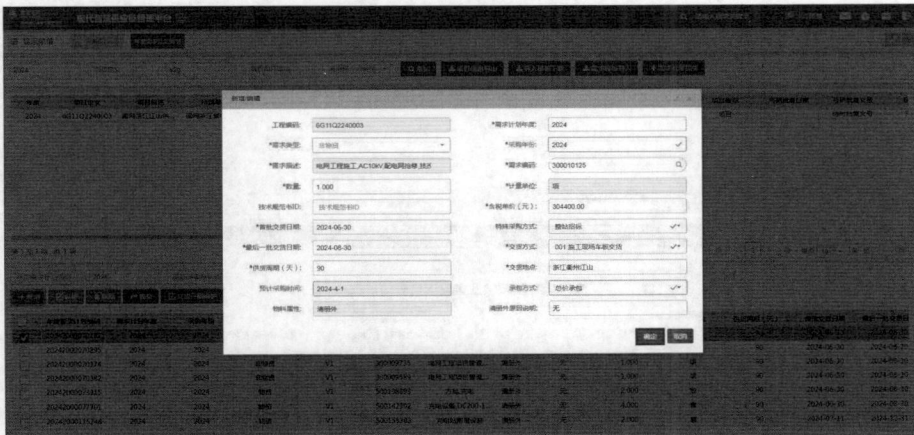

图 2-19 需求新增

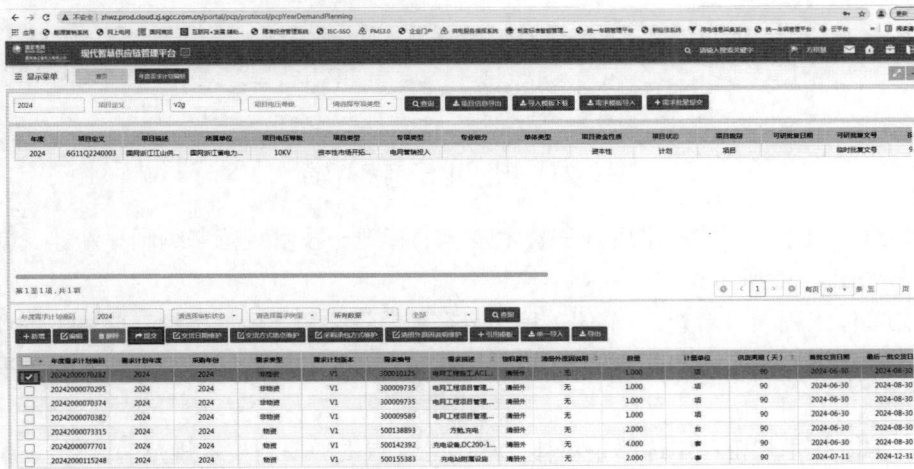

图 2-20 需求提交

二、服务、物资招标采购需求申报

项目单位应严格执行国家和公司有关的招投标管理规定，在项目下达后，按照营销专业物资与工程采购策略完成招标需求及相关技术条款的准备工作，避免计划外采购，严禁应招未招、违规采购。

项目单位应主动与物资部门进行沟通联系，按照采购计划批次及时提报采购需求，并跟踪好项目物资、设计、监理、施工等采购工作。

使用招投标方式采购时，需提前获取技术规范 ID，再进行招标需求提报。如果没有现成可使用的技术规范 ID，可自行登录 ECP 平台编制技术规范书，固化技术规范 ID。

1. 技术规范书编制

招标前，各专业应按照项目初步设计或者实施方案的技术要求完成物资及服务招标技术规范书的编制并上传至国家电网有限公司电子商务平台（简称 ECP 平台），ECP 平台网址为 https://ecp.sgcc.com.cn/ecp2.0/portal/#/。

业务流程及图示：

（1）登录国家电网有限公司电子商务平台，输入账号密码。国网电子商务平台如图 2-21 所示。

图 2-21　国网电子商务平台

（2）进入菜单：采购标准管理—技术规范书管理—技术规范书编制—新建。新建技术规范书如图 2-22 所示。

（3）单体工程项目新建："单体工程项目名称、省公司、项目类型、单体工程项目单位"必填项填写完成后，点击保存按钮。生成新的单体工程项目。编制技术规范书如图 2-23 所示。

（4）编制技术规范：勾选单条单体工程信息，点击"编制技术规范"，跳转。编制技术规范如图 3-24 所示。

图 2-22　新建技术规范书

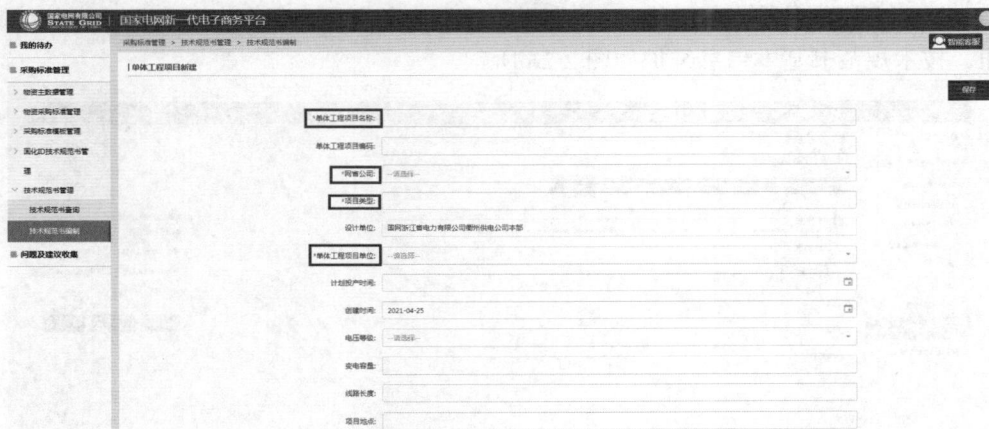

图 2-23　编制技术规范书

图 2-24　编制技术规范

（5）创建技术规范：点击"创建技术规范"按钮，页面跳转。创建技术规范如图 2-25 所示。

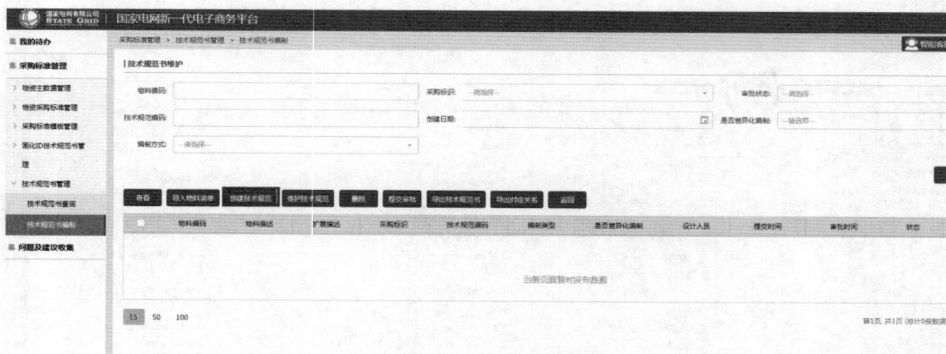

图 2-25　创建技术规范

（6）技术规范书基本信息维护："物料编码"为必填项，保存之后点击"自行编制"按钮。技术规范书基本信息维护如图 2-26 所示。

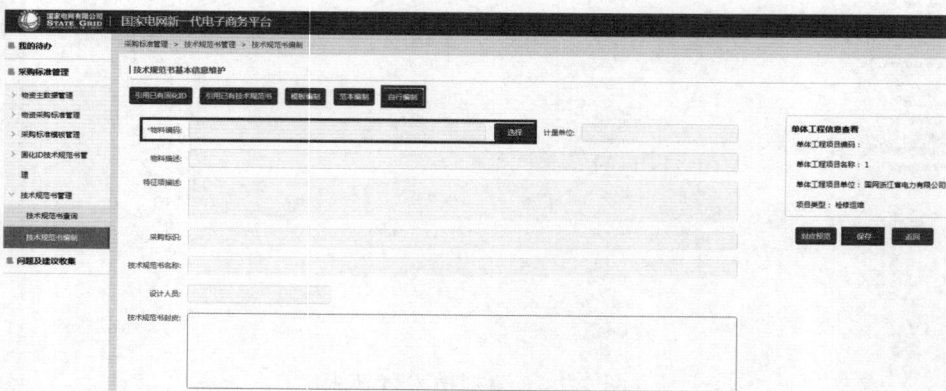

图 2-26　技术规范书基本信息维护

（7）技术规范书编制—自行编制：点击添加—附件。填写名称—上传附件（技术规范书）—保存—编制完成。"基准单价清单"及"工程量清单"由招标代理机构负责上传。技术规范书编制如图 2-27 所示。

（8）技术规范书上报：选中所在行，点击"提交审批"，保存技术规范编码。技术规范书上报如图 2-28 所示。

2. 物资招标需求申报

物资采购通过云平台提报，操作步骤如下。

业务流程及图示：

（1）登录云平台系统，进入计划管理—项目信息管理。云平台系统登录界面如图 2-29 所示。

图 2-27　技术规范书编制

图 2-28　技术规范书上报

图 2-29　云平台系统登录界面

（2）输入对应的项目定义或项目名称，点击查询，选中对应的项目。项目选择如图2-30所示。

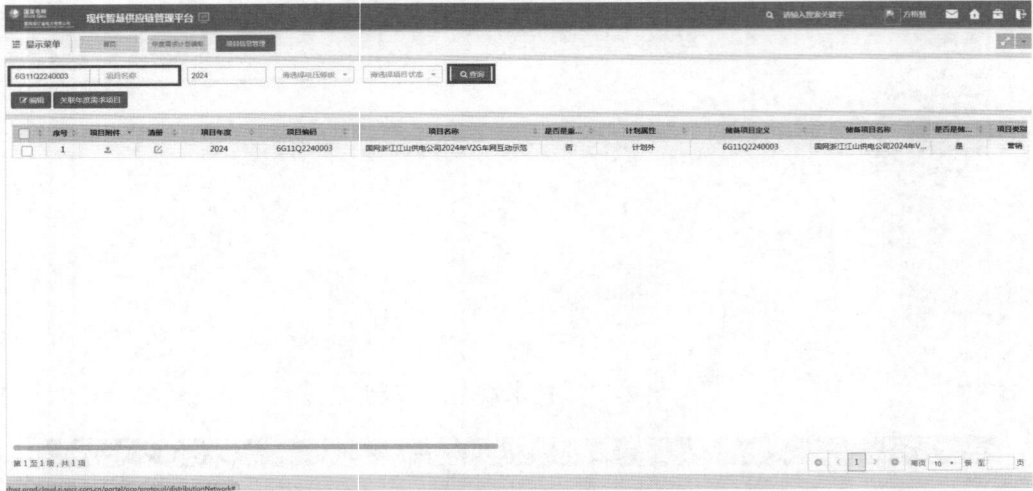

图 2-30　项目选择

（3）点击编辑，填写相关的信息进行项目认领，认领后点击确定按钮。项目认领如图 2-31 所示。

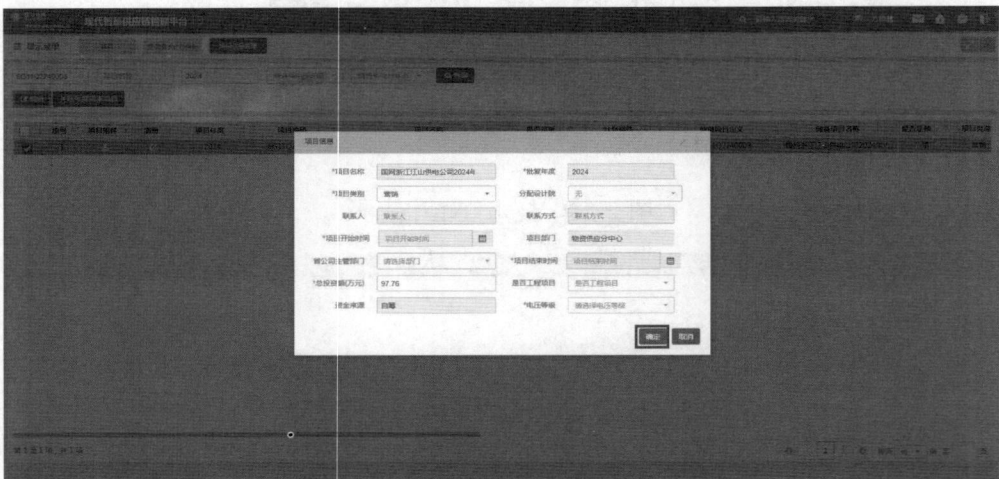

图 2-31　项目认领

（4）点击关联年度需求项目，找到相应的年度需求计划进行关联。关联年度需求计划如图 2-32 所示。

（5）关联完毕后，点击"清册"，然后点击"引用年度计划"，选择相应的物资条目并确认。清册维护如图 2-33 所示。

（6）点击操作并完善相关的信息，点击确定。维护具体信息如图 2-34 所示。

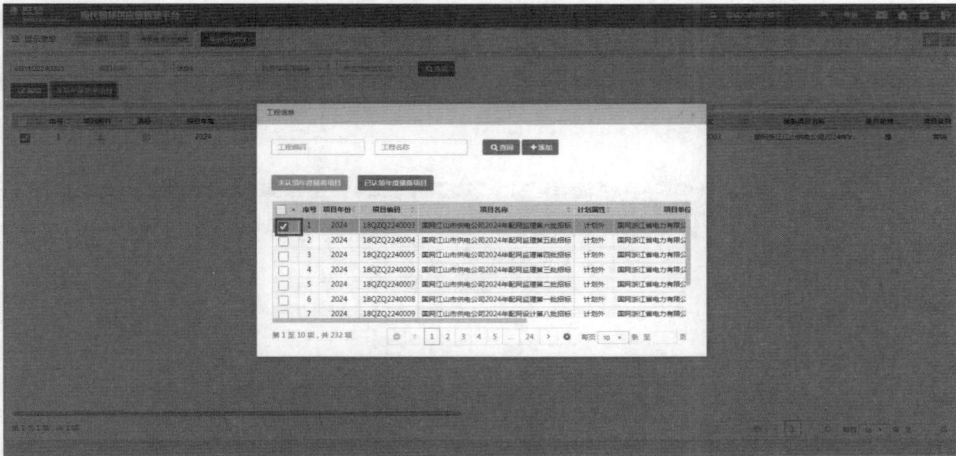

图 2-32　关联年度需求计划

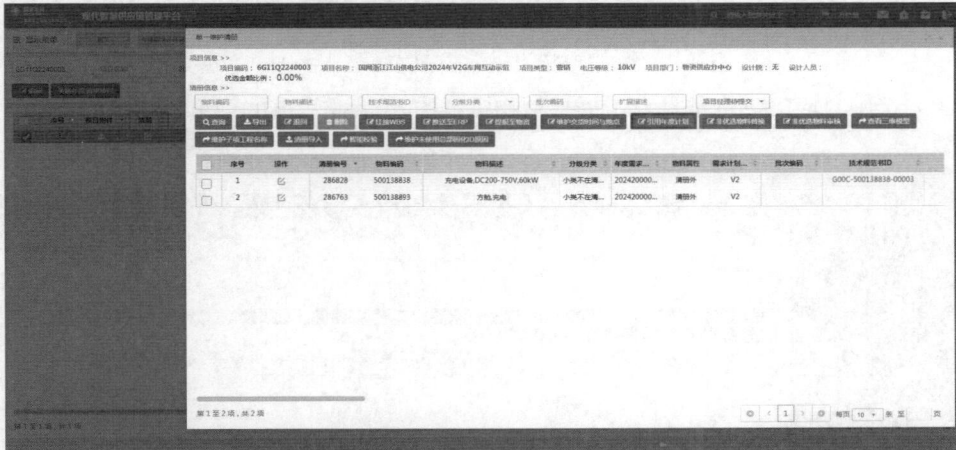

图 2-33　清册维护

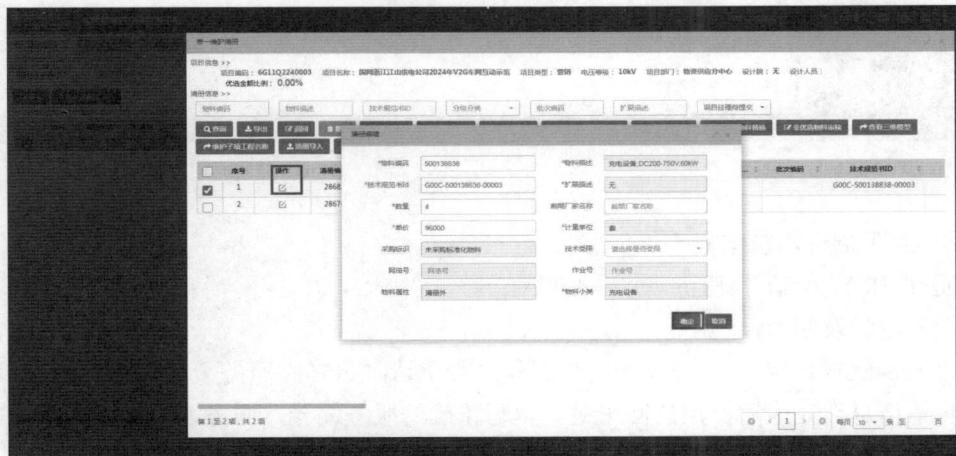

图 2-34　维护具体信息

（7）点击维护子项工程名称，对子项工程进行维护。子项工程维护如图 2-35 所示。

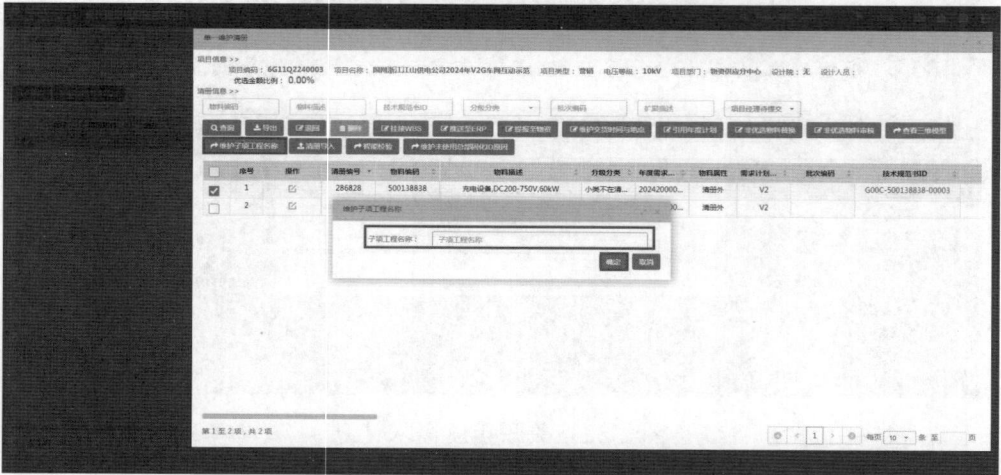

图 2-35　子项工程维护

（8）选中对应的物资条目点击提报至物资，由物资部门进行审核。物资提报如图 2-36 所示。

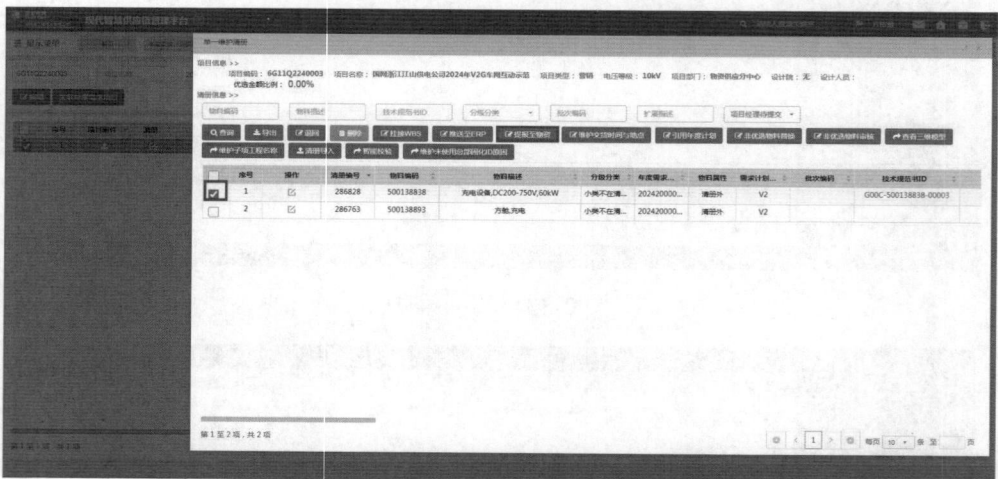

图 2-36　物资提报

3. 服务招标需求申报

通过 ERP 系统上报服务需求，步骤如下。

业务流程及图示：

（1）创建采购申请：ME51N，在创建采购申请时选择"服务需求提报凭证"，填写采购申请信息，完成后，点击回车键。填写正确的服务编号，服务编号为技术规范书中间的字段，完成后，点击回车键。在弹出的框内维护总账科目，完成后保存。检查无误后保存，点击左下角提示，保存采购申请号。新建采购申请如图 2-37 所示。

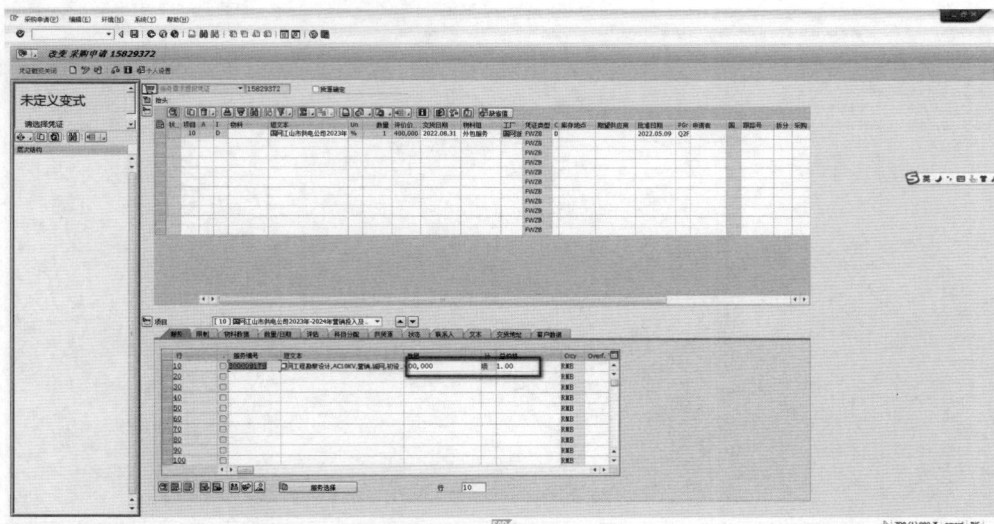

图 2-37 新建采购申请

（2）挂接技术规范书：ZMM11028。输入工厂和采购申请号，点击时钟跳转页面。批量维护技术规范书如图 2-38 所示。

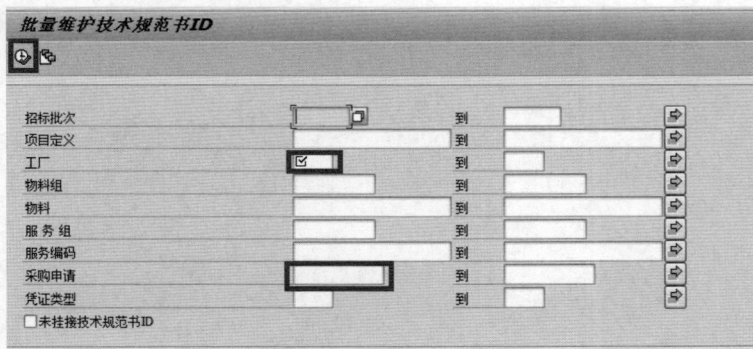

图 2-38 批量维护技术规范书

（3）将在 ECP2.0 中生成的技术规范书 ID 粘贴到技术规范书 ID；检查无误后，选中需要保存的条目，点击保存；点击操作并完善相关的信息，点击保存。维护技术规范书如图 2-39 所示。

（4）需求上报：市公司采用事务代码 ZMM14064，县公司采用事务代码 ZMM14063。填写基本信息，填写完成后点击"时钟"跳转页面。需求上报如图 2-40 所示。

（5）上报内容填写：

1）物料描述、工程名称（ERP）、工程名称（合同签订）、单体工程名称必须一致。

2）合同范本须从 ERP 系统中选取国家电网最新版本的合同范本，不能自己复制。

3）采用"根据基准单价清单，报折扣比例"的项目，系统申报时概算价格和最高限价都填折扣比例（如≤＝100%，填写"100"；≤＝98%，填写"98"）。

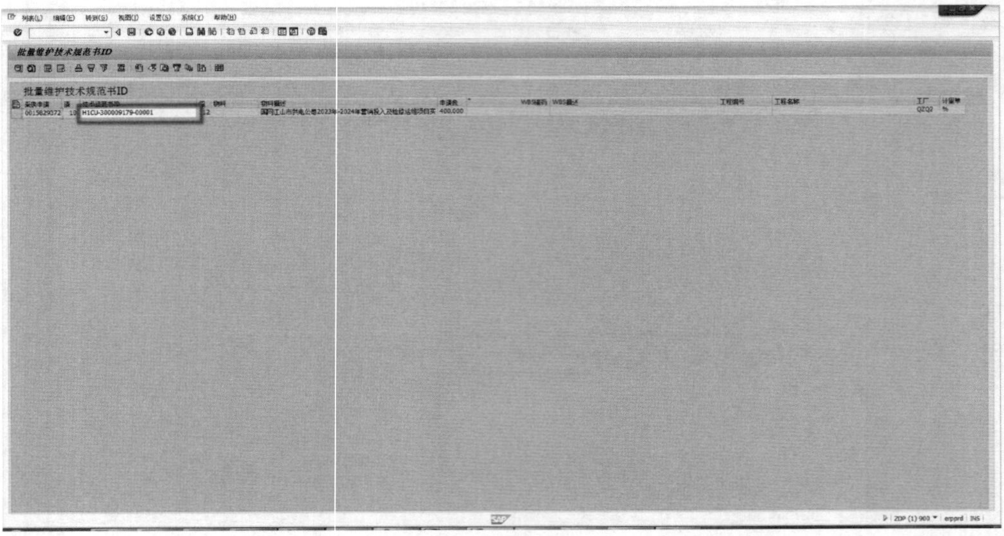

图 2-39　维护技术规范书

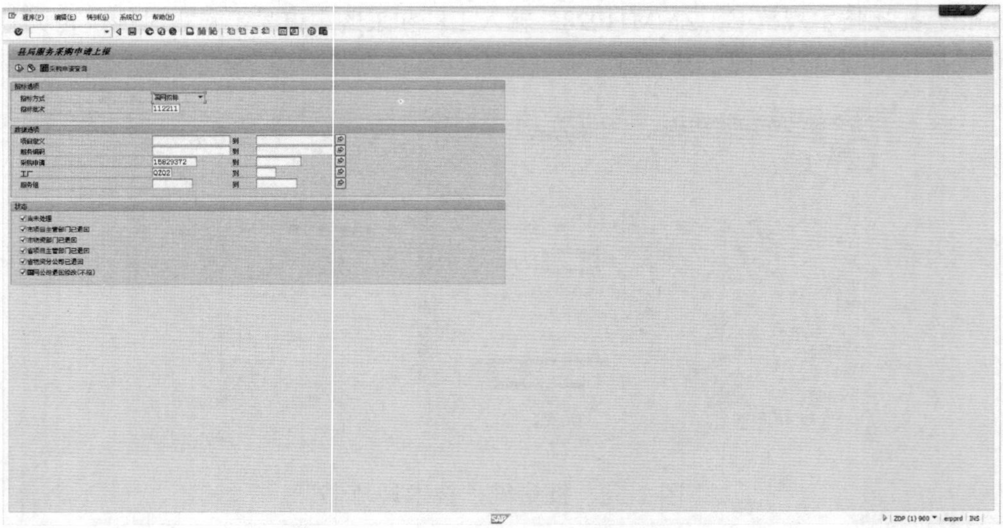

图 2-40　需求上报

4）采用根据基准单价清单，报折扣比例的项目，承包方式选单价承包，报价方式选折扣率。

5）采用"最高总价限价"的项目，承包方式请选择总价承包，报价方式选择金额报价。

6）项目批复文号：如果有，请填写正确的项目批复文号；如果没有，请填写资金已落实。

7）专业资质要求和业绩要求，请以批次要求为准，如没有设置，请填写无。

8）ERP 系统中所有涉及价格都是以元为单位。上报内容填写如图 2-41 所示。

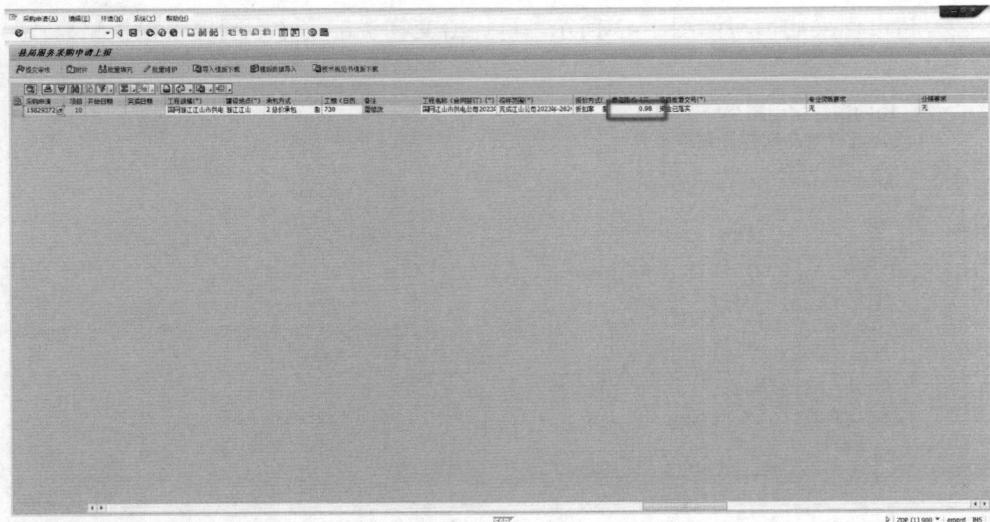

图 2-41　上报内容填写

（6）填写完成后点击保存按钮，提交审核，服务需求提报完成。

三、协议库存、电商采购

一般计量箱、充电桩、高压互感器、布电线、移动作业终端箱式变压器等采用协议库存履约的方式采购。如果国网商城中有自己所需物资，可优先通过国网商城（超市化）采购下单，否则可通过国家电网（省公司）物资批次按上述物资招标采购方式申报需求。

协议库存采购方式和超市化采购方式因各单位管理规范可能有所不同，可直接联系本单位物资部门相关人员了解采购程序。以下仅供参考。

（1）协议库存填写如图 2-42 所示，再提交给物资部门（不同地市模板略有不同）。

图 2-42　协议库存

（2）超市化采购填写如图 2-43 所示，再提给交物资部门（不同地市模板略有不同）。

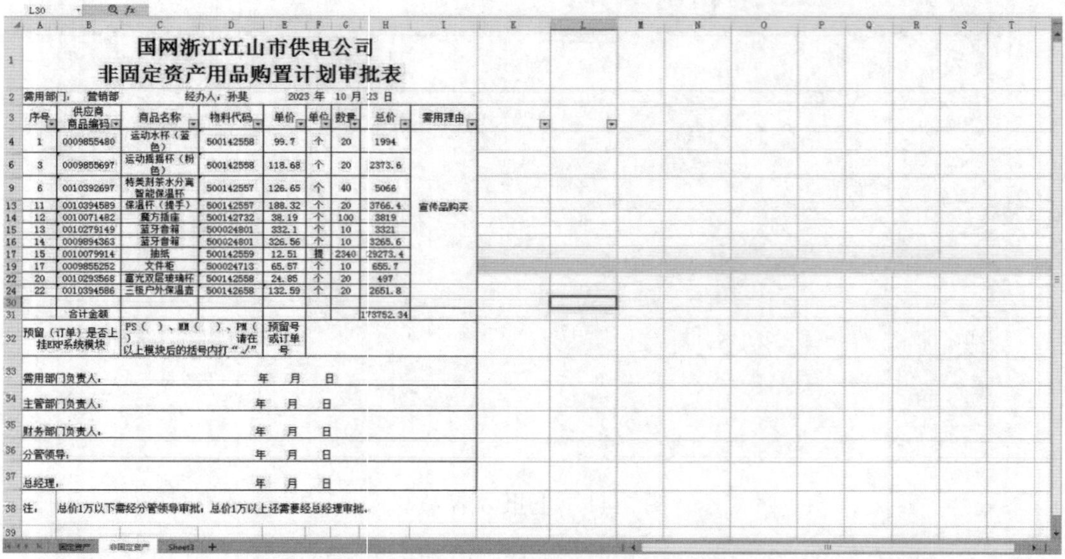

国网浙江江山市供电公司
非固定资产用品购置计划审批表

需用部门：营销部　　经办人：孙斐　　2023 年 10 月 23 日

序号	供应商商品编码	商品名称	物料代码	单价	单位	数量	总价	需用理由
1	0009855480	运动水杯（蓝色）	500142558	99.7	个	20	1994	宣传品购买
3	0009855697	运动摇摇杯（粉色）	500142558	118.68	个	20	2373.6	
6	0010392697	特美刻茶水分离智能保温杯	500142557	126.65	个	40	5066	
11	0010394589	保温杯（提手）	500142557	188.32	个	20	3766.4	
12	0010071482	魔方插座	500142732	38.19	个	100	3819	
13	0010279149	蓝牙音箱	500024801	332.1	个	10	3321	
14	0009894363	蓝牙音箱	500024801	326.56	个	10	3265.6	
15	0010079914	抽纸	500142559	12.51	提	2340	29273.4	
17	0009855252	文件柜	500024713	65.57	个	10	655.7	
20	0010293568	富光双层玻璃杯	500142558	24.85	个	20	497	
22	0010394586	三极户外保温壶	500142658	132.59	个	20	2651.8	
	合计金额						173752.34	

预留（订单）是否上挂ERP系统模块：PS（ ）、MM（ ）、PM（ ）请在以上模块后的括号内打"√"　预留号或订单号

需用部门负责人：　年　月　日

主管部门负责人：　年　月　日

财务部门负责人：　年　月　日

分管领导：　年　月　日

总经理：　年　月　日

注：总价1万以下需经分管领导审批，总价1万以上还需要经总经理审批。

图 2-43　超市化采购

四、常见服务编码、年度招标批次

年度招标批次以物资部下发的批次为准，通常包含国家电网批次，省公司批次，市公司批次。常见服务编码见表 2-2 所示。

表 2-2　年度固定授权范围对应分标及服务描述清单

大类	中类	小类	实施范围	建议采购方式	建议采购组织形式	备注	分标名称	分标编号	服务编码	服务描述
服务										
	综合、运维、零星服务									
			劳务派遣服务	竞争性谈判	批次		综合服务-劳务派遣服务	9003001-0033	300013744	综合服务，劳务派遣服务
			劳务外包服务	竞争性谈判	批次		综合服务-劳务外包	9003001-0035	300013743	综合服务，劳务外包
			人力资源服务	竞争性谈判	批次		综合服务-人力资源服务	9003001-0010	300013404	人力资源服务，其他人力资源服务

续表

大类	中类	小类	实施范围	建议采购方式	建议采购组织形式	备注	分标名称	分标编号	服务编码	服务描述
			中介服务-代理服务	竞争性谈判	批次	省公司统推项目除外	综合服务-中介代理	9003001-0007	300013466	中介服务,代理服务
			中介服务-审计服务	竞争性谈判	批次	省公司统推项目除外	综合服务-审计	9003001-0009	300013473	中介服务,审计服务
			技术使用服务	竞争性谈判	批次	省公司统推项目除外;专利使用费、行业团体及协会会费、成果鉴定、查新类服务、专业网站使用费、向数据库购买文献检索/浏览/打印/下载等服务权限费除外	综合服务-技术使用服务	9003001-0034	300013392	技术服务,技术支持服务,其他技术支持服务
			经济技术服务	竞争性谈判	批次	省公司统推项目除外	综合服务-经济技术服务	9003001-0023	300013398	经济技术服务,其他经济技术服务
			咨询服务	竞争性谈判	批次	省公司统推项目除外	综合服务-咨询服务	9003001-0037	300013751	综合服务,咨询服务

第三节 合 同 管 理

招标采购需求申报结束后,可根据最早交货日期跟踪招标进度。通过国家电网(省公司)招标批次、协议库存履约、国网商城(超市化下单)等方式采购的物资,项目管理部门无须签订合同,只需及时联系物资部门办理入库手续,及时验收、出库。服务类的,项目管理单位自中标结果发出之日起 30 天内完成经法系统内合同签订工作。(注:在经法系统发起合同流转前需先通过 ERP 系统创建订单。)

合同生效后,项目单位应严格履行合同,确需对项目实施进度、供应商、项目经费、预期成果等关键因素进行调整的,项目单位应按规定严格履行合同订立、审核会签、审批等合同变更程序。

一、ERP系统框架协议创建

在收到服务中标结果后，需求部门在ERP系统根据同步的采购结果创建服务框架协议。

1．服务采购框架协议创建

采购申请上报国家电网后，在电子商务平台进行招投标，投标完成后，中标结果回传至ERP系统，物资根据中标结果转换框架协议的操作。

业务流程及图示：

（1）在交易栏输入交易代码ZMM14534，后点击回车键，进入后输入工厂代码和采购申请代码，再点击回车键。创建协议框架如图2-44所示。

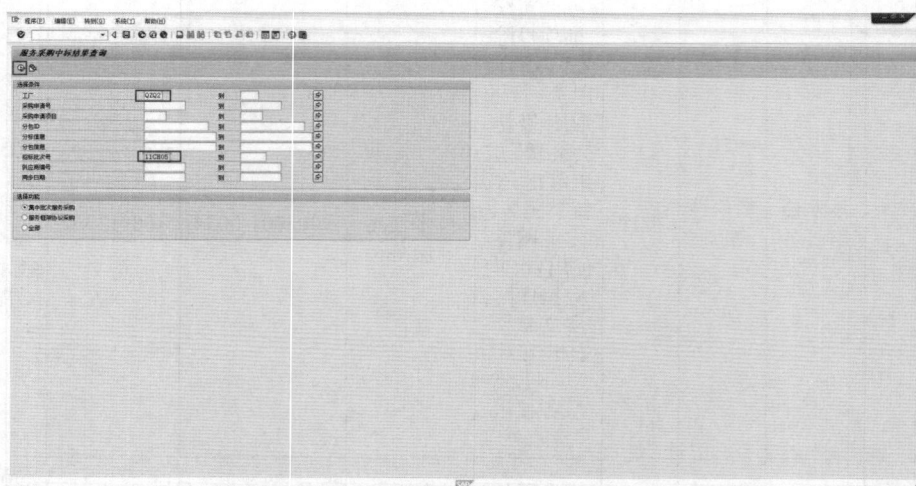

图2-44　创建协议框架

（2）点击字段批量维护。未生成服务框架协议如图2-45所示。

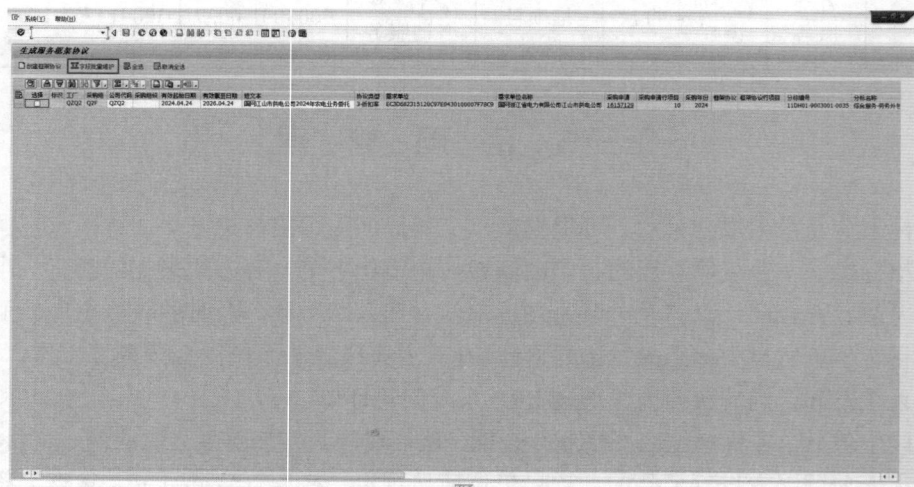

图2-45　未生成服务框架协议

（3）对字段进行批量维护，完成后，点击确认按钮。字段批量维护如图 2-46 所示。

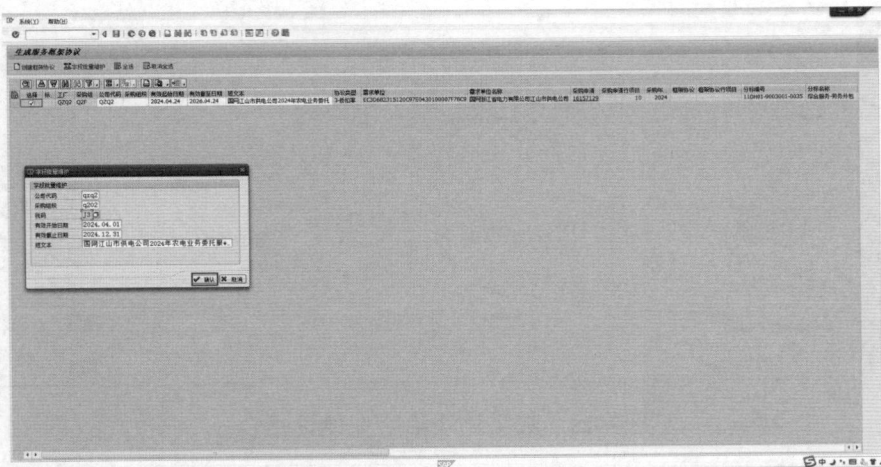

图 2-46　字段批量维护

（4）点击创建框架协议，记录框架协议编号。生成服务框架协议如图 2-47 所示。

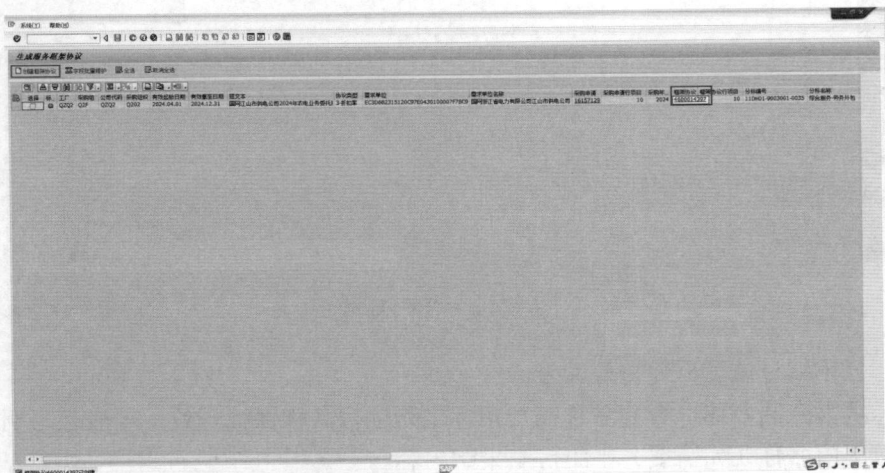

图 2-47　生成服务框架协议

（5）进入数字化法治企业建设平台如图 2-48 所示，起草合同时，将生成的编号录入订单编号。

二、经法系统合同新建

登录企业门户网站，进入经法系统（新），点起合同管理—合同新建。登录企业门户网站，进入经法系统（新），点击合同管理—合同新建，如图 2-49 所示。

填写说明：

（1）图 2-49 中带"*"号信息为必填项。

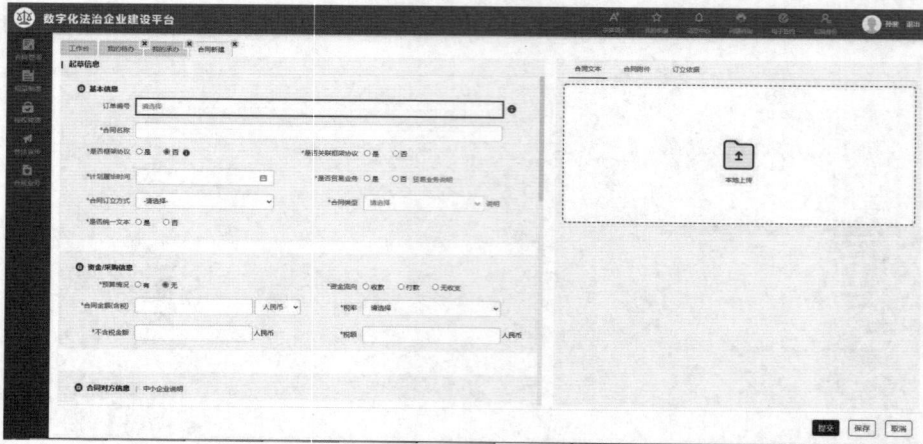

图 2-48　数字化法治企业建设平台

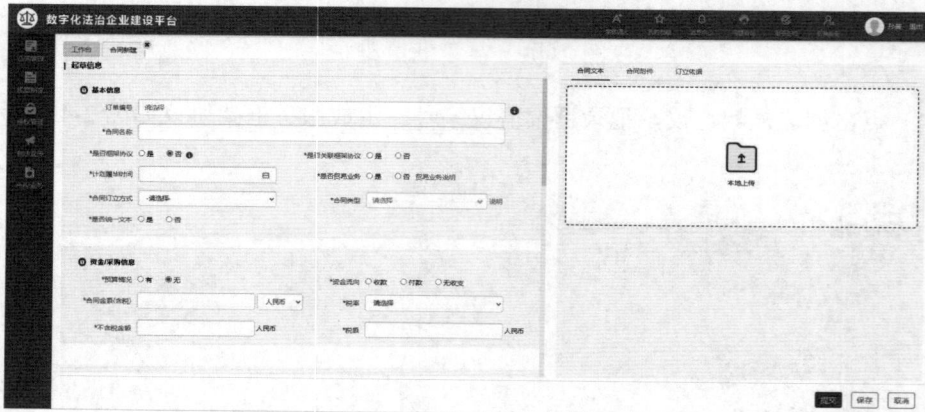

图 2-49　合同新建

（2）订单编号填写框架协议编号。

（3）填写合同名称，合同名称需与招标采购项目名称保持一致，一般应写明单位简称＋需求部门名称（如需要）＋年份＋采购内容。

（4）是否有框架协议、是否关联框架协议。有框架协议选是，并选择关联框架协议，否则都选否。

（5）计划履约完毕时，填写合同计划履约完毕的时间。

（6）是否贸易业务，一般情况下选否。

（7）合同订立方式，从下拉列表中选择合同是通过何种渠道订立的。

（8）合同类型。应根据各部门具体业务类型选择最合适的合同类型。招标类的合同模板在招标文件中已经确定，起草合同时不能擅自更改合同模板。合同承办部门起草合同时，应会同合同归口管理部门按以下先后顺序选用合同文本：

1）国家或地方有关政府部门制定并强制适用的文本。

2）公司发布的统一合同文本。

3）合同参考文本。

4）行业参考性示范文本。

5）其他合同文本。

一般情况下，应选择国家电网统一合同文本。

（9）合同金额、税率、不含税金额需与中标通知书、成交通知书、会议纪要等合同签订依据保持一致，若因税收政策调整，需与财务部门确认调整情况。

（10）资金流向选择。根据实际情况选择收款、付款、无收支。

（11）支付比例应与合同约定的支付比例要保持一致，并且符合财务部门关于支付方面的规章制度要求；另外，在合同实际履行过程中，要严格遵守合同约定的支付比例、支付进度及财务部门相关规定，杜绝出现不按照合同约定支付的情况发生。

（12）预算情况。一般情况下，但凡付款的合同都应该有预算。有预算的，选择相应的预算单。针对预算没有下达又确需先走合同流程的非项目合同，必须提前与财务相关人员对接后再走流程。

（13）授权委托书选择。合同承办人员须根据领导职责分工及授权委托书的授权范围选择相应的授权委托书。

（14）合同对方信息维护。针对已维护的、选择相应的合同对方信息，并明确对方是否是收款方即可；针对未维护的，可联系 2186 处理。合同对方信息须与合同签署页合同对方信息保持一致。是否是小微企业，可在国家政务服务平台查询。

（15）合同文本上传。上传正文和附件，一般附件放在正文里面。针对国家电网统一合同文本，可选择相应的合同类型，在"是否统一文本"，选择"是"，再打开相应的合同文本，点击左上角"文件"—"另存为"，下载合同模板，填写、保存好合同相关内容后，再次点击"文件—打开"，即可上传已填写、保存好的合同，同时点击"保存合同正本—保存草稿"。针对非国家电网统一合同文本，可在"合同文本"处上传填写好的合同。

（16）订立依据。根据具体情况，选择订立依据：政府文件/来函、公司发文、公司签报、会议纪要/决议、预算、综合计划、采购（应答）文件、中标（成交）通知书、框架协议和其他。重大合同起草说明（重大合同和非国网统一合同文本需上传）、对方营业执照、对方授权委托书（若有）、个人身份证复印件（与个人签合同）等相关文件也可通过订立依据上传。

（17）合同份数填写。一般为 6 份，可根据具体情况增减份数。

（18）审批流程选择。合同流转到"被授权人签发"环节会出现三种选择：法定代表人签署、公司分管领导审核（经法定代表人签发）、被授权人签发。针对须法定代表人签署的合同，若法定代表人即为该项合同业务的分管领导，可直接选择法定代表人签署。若法定代表人不是该项合同业务的分管领导，但根据授权情况确需法定代表人最后签署的，签发环节选择分管领导审核（经法定代表人签署），分管领导审核完毕后自动跳转到法定代表人签署；若总会计师与分管领导为同一人，总会计师已审核的，签发环节选择法定代表人签署即可。若该合同根据授权情况无须法定代表人最后签署，只需分管领导或两个部门的营业部主任签署的，选择被授权人签发即可。

（19）联系电话。方便合同审核过程中电话沟通及环节超期时系统短信提醒。可在经法系统主页面"系统管理"—"权限管理"—"自助服务"—"查询我的个人信息"—"修改"，即可维护合同承办人手机号码。

（20）选择会签部门。系统自动选择物资部、财务部、审计部为会签部门，可根据具体情况增减会签部门。若合同内容与其他专业部门有关，建议请其他部门审核会签。选定会签部门后，点击"送审"，即可由部门负责人审核。

（21）注意事项：合同签订要在中标通知书下达 30 天内完成合同签订。

第四节　物　资　管　理

项目单位在物资到货后 3 个工作日内应按照公司物资管理规定开展相应验收工作。验收应主要包括物资外观是否破损、技术型号（规格参数）是否符合要求、设备选型是否与项目一致等。验收通过后及时出具验收单，项目单位对验收合格物资在验收单上签字，并办理领料手续。

项目单位应严格按照营销项目实际工程进度，按照单项工程领取所需物资并办理领料手续（无纸化出库电子领料单）。

1. 资本性项目 ERP 系统领料流程

针对营销投入项目，其有物料编码的物资采购需求可以通过在项目构造器中手工挂接物料的方式进行录入，形成物资预留，物资部门通过运行物资需求计划（material requirement planning，MRP）进行平衡利库，根据库存的使用状况进行后续的采购工作。

业务流程及图示：

（1）进入项目构造器：CJ20N，点击"打开"按钮，在弹出的信息框内输入项目定义并点击回车键。项目构造器如图 2-50 所示。

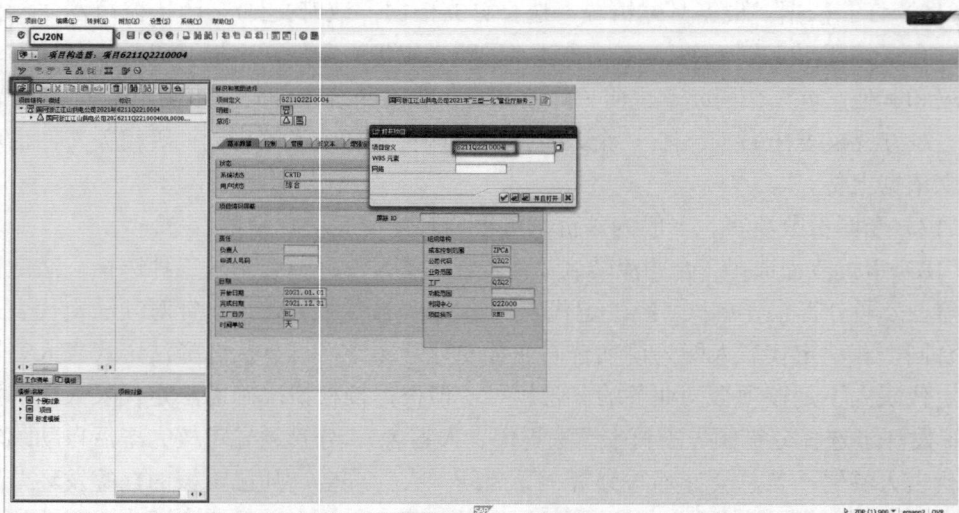

图 2-50　项目构造器

（2）在左边的树形图里选设备购置并点击倒三角，鼠标右键选中设备、材料购置，选择创建—物料组件，点击新创建的物料组件。项目构造器操作 1 如图 2-51 所示。

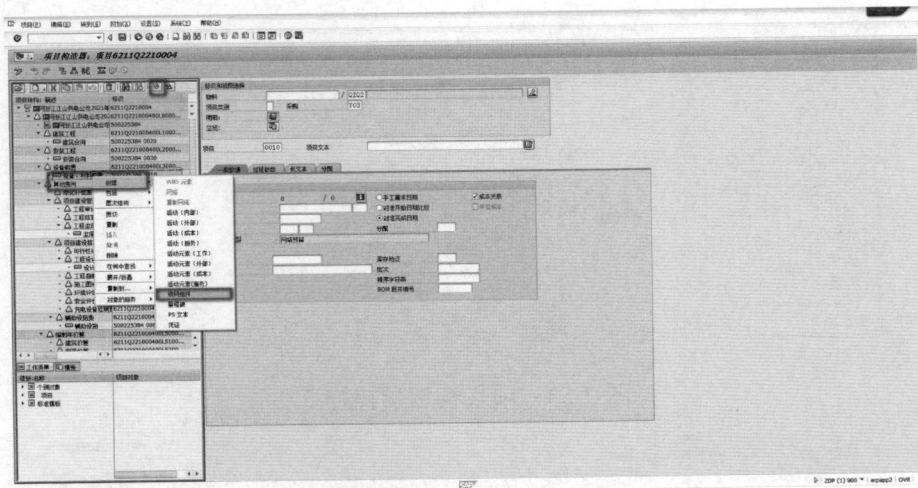

图 2-51　项目构造器操作 1

（3）维护相关物料编码、数量、需求日期，维护完成后点击"保存"按钮。项目构造器操作 2 如图 2-52 所示。

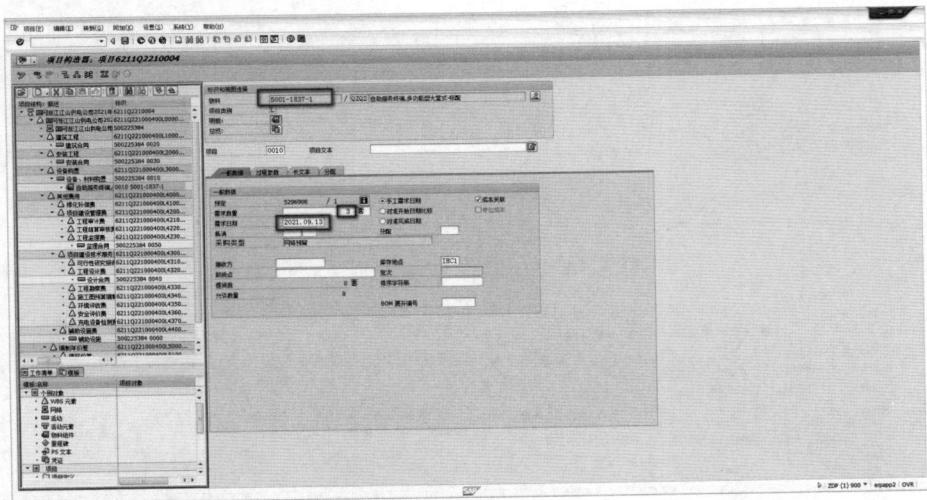

图 2-52　项目构造器操作 2

（4）保存后会自动生成预留号。项目构造器操作 3 如图 2-53 所示。

（5）进入仓储作业无纸化办公：输入 ZMM14350，点击创建按钮。仓储作业无纸化办公如图 2-54 所示。

（6）输入预留号并点击回车键，完善领用的信息，包括领用数量、收货地址、联系人、手机号等，确认无误后，点击"保存"按钮并提交。仓储无纸化领料申请单如图 2-55 所示。

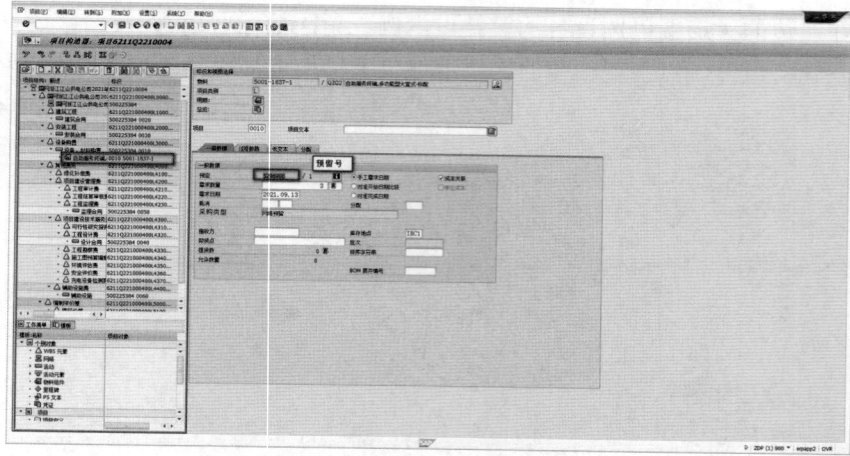

图 2-53　项目构造器操作 3

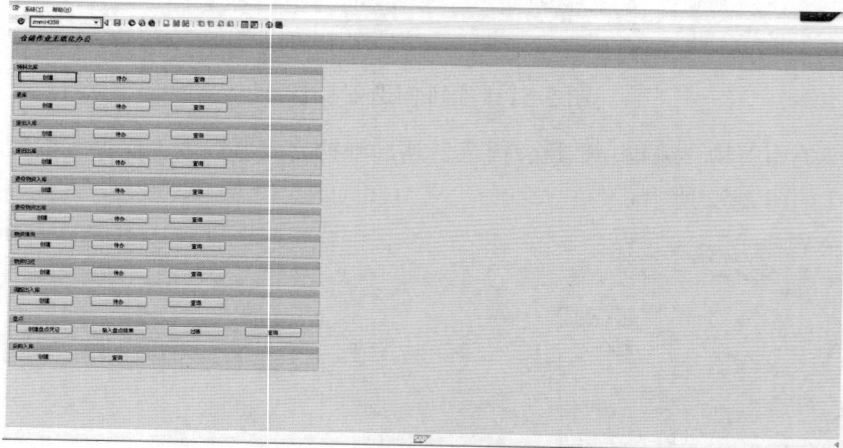

图 2-54　仓储作业无纸化办公

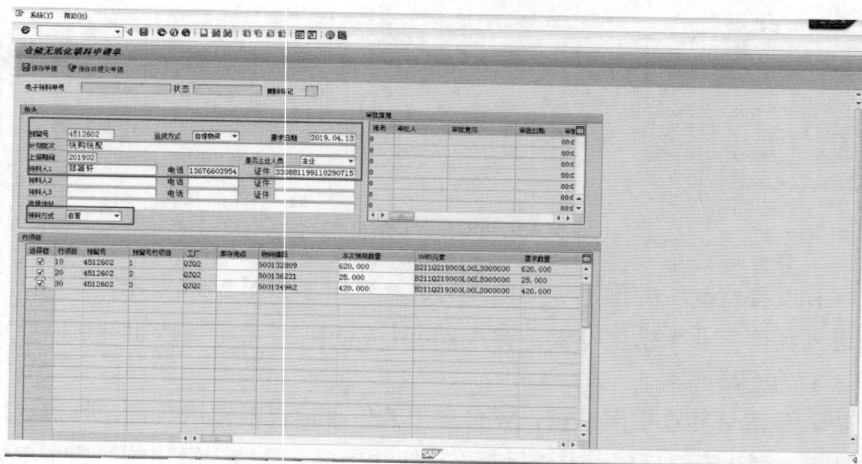

图 2-55　仓储无纸化领料申请单

（7）选择一级审批人和二级审批人，然后相应审批人进入仓储作业无纸化办公界面，进行审核。仓储无纸化领料审批选择如图 2-56 所示。

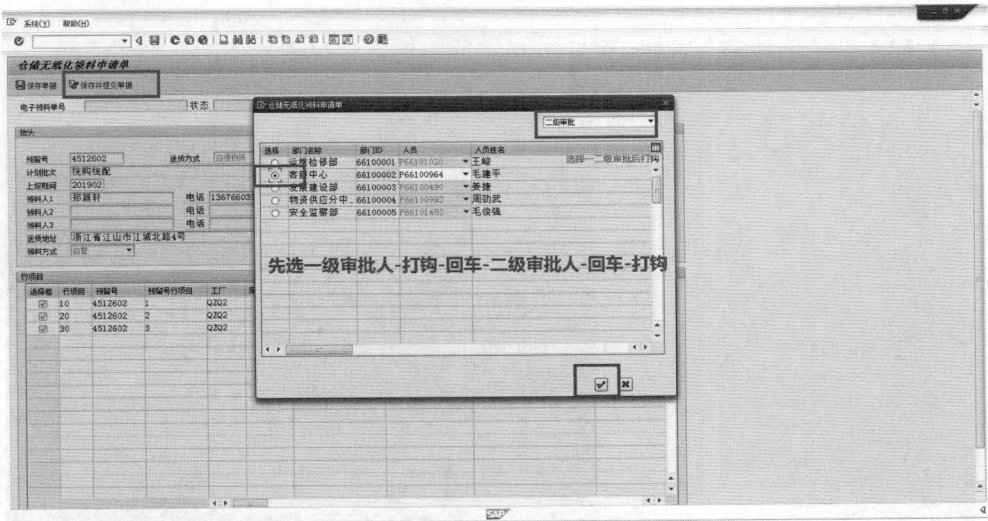

图 2-56　仓储无纸化领料审批选择

（8）一级审批人和二级审批人按顺序对领料代办进行审核，全部完成后，把预留号提供给物资部门进行出库操作。仓储无纸化领料审批如图 2-57 所示。

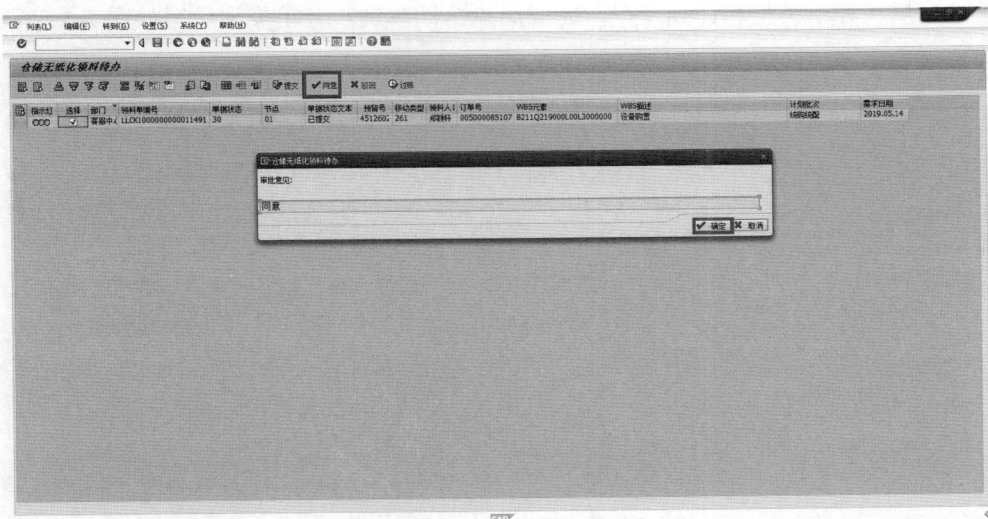

图 2-57　仓储无纸化领料审批

2．成本性项目 ERP 系统领料流程

营销部门根据业务需求在系统中创建营销成本性项目材料提报工单，录入相关的信息，主要包括订单类型（ZPM3）、公司代码、文本描述、计划人员组、工作中心、利润

中心、科目类别、工序、组件及 WBS 元素等信息。

工单创建：输入 IW31 并点击回车键。

业务流程及图示：

（1）输入订单创建事务代码 IW31 并点击回车键。订单创建如图 2-58 所示。

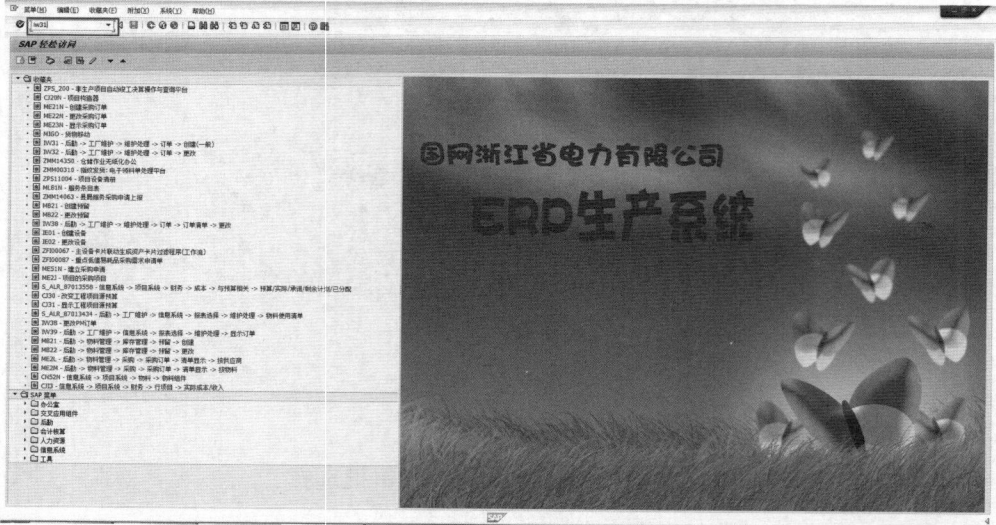

图 2-58　订单创建

（2）填写订单类型和计划工厂，完成后点击回车键。订单类型填写如图 2-59 所示。

图 2-59　订单类型填写

（3）在抬头数据中填入必要的信息，信息填写如图 2-60，完成后，点击回车键。

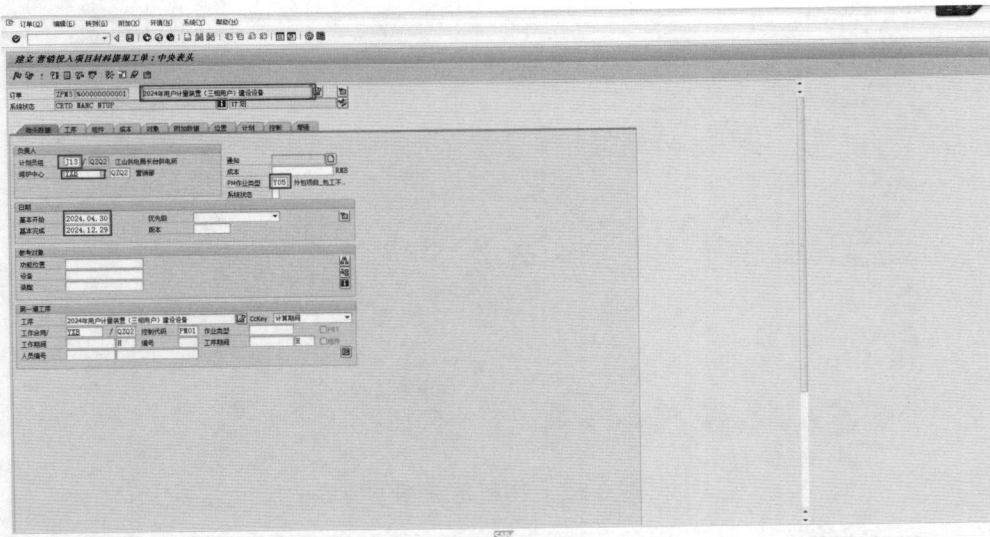

图 2-60　信息填写

（4）点击工序选项卡，双击 0010，工序界面如图 2-61 所示。

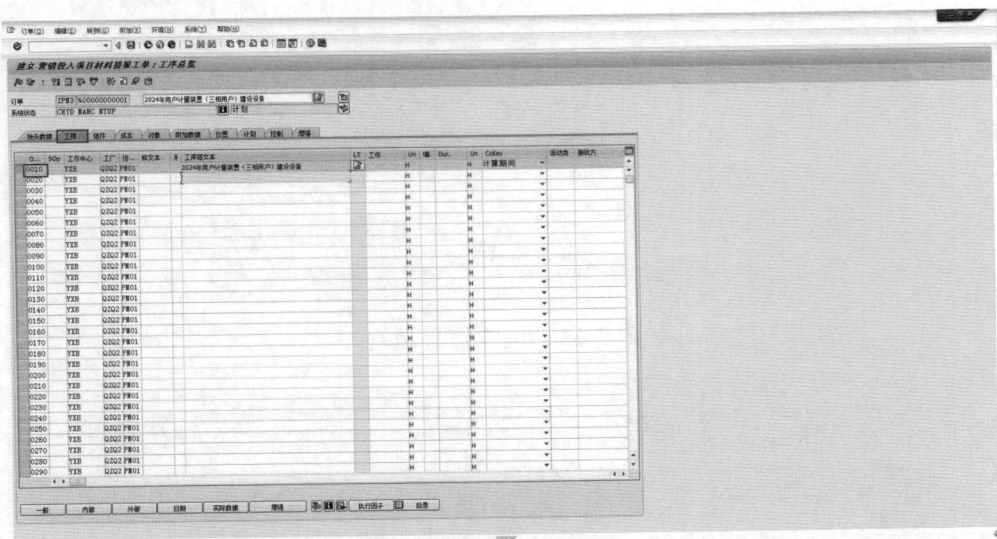

图 2-61　工序界面

（5）输入物料编码并点击回车键，然后填写相应的数量。完成以后，点击返回键。物料信息填写如图 2-62 所示。

（6）点击位置选项卡，填入维护工厂和成本中心信息，完成后点击回车键。位置信息填写如图 2-63 所示。

（7）点击附加数据选项卡，输入 WBS 元素编码（设备购置），完成后点击回车键。附加数据信息填写如图 2-64 所示。

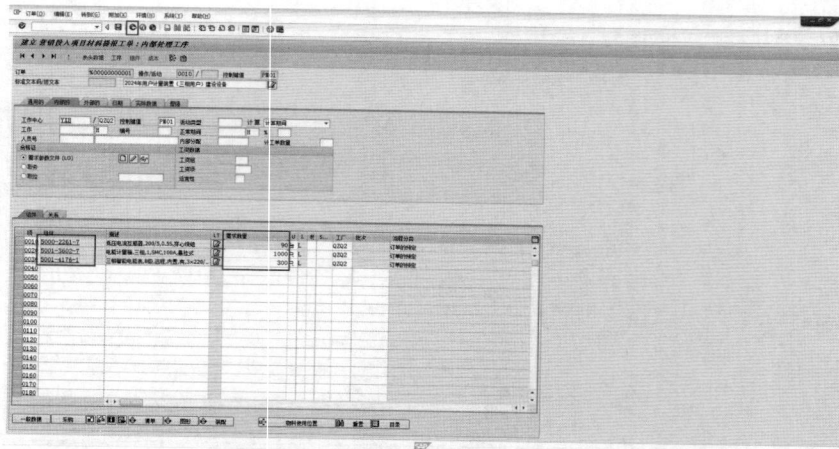

图 2-62　物料信息填写

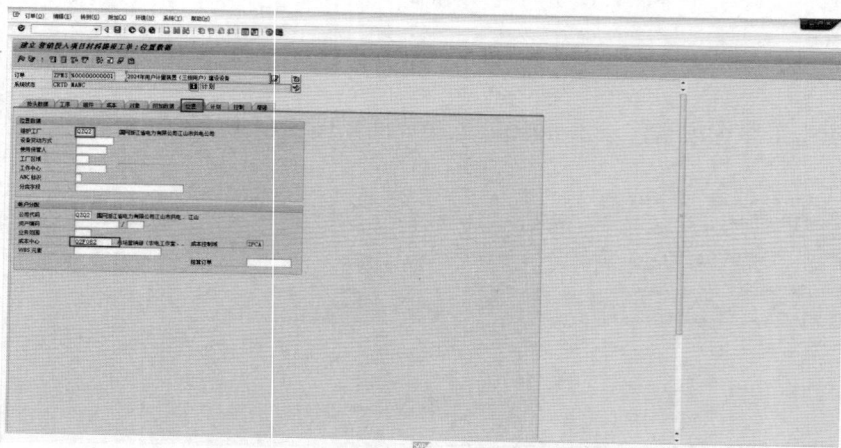

图 2-63　位置信息填写

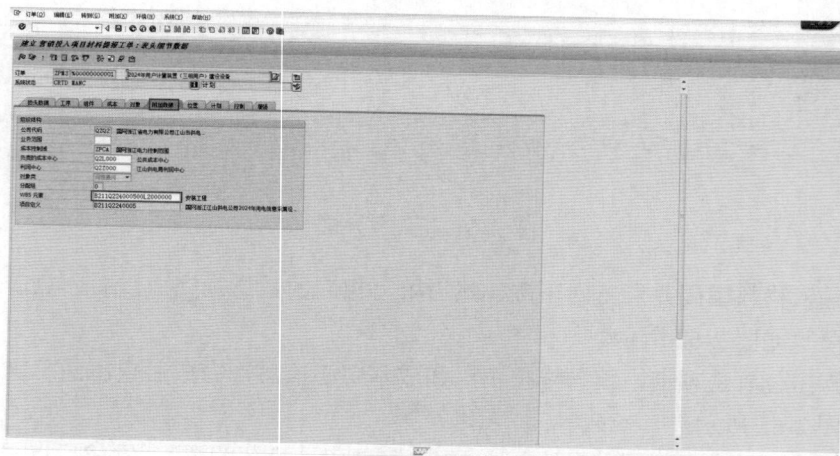

图 2-64　附加数据信息填写

（8）点击计划确认图标，依次选择待审后确认、一审通过后确认、可下达后确认，使项目处于可下达状态。订单审核如图 2-65 所示。

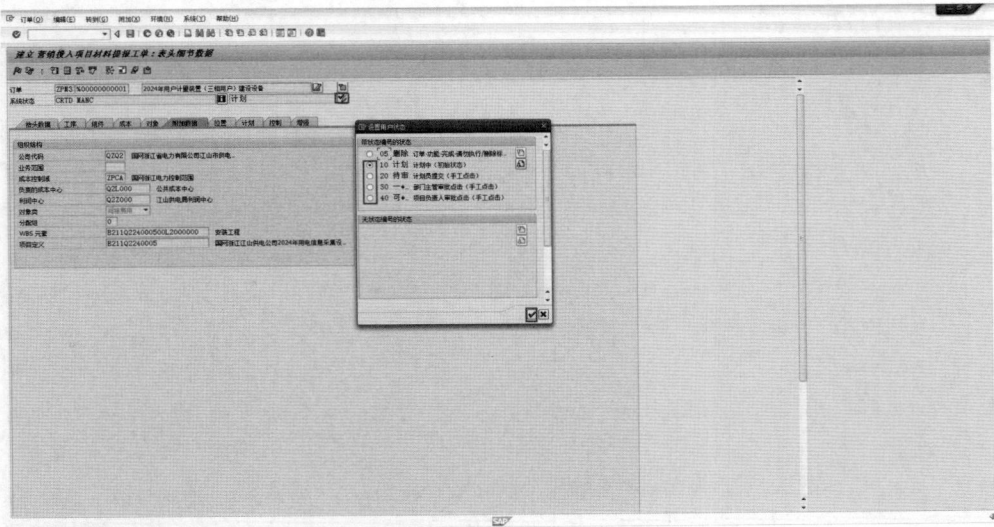

图 2-65 订单审核

（9）依次选择下达、保存。并记录订单号。订单下达如图 2-66 所示。

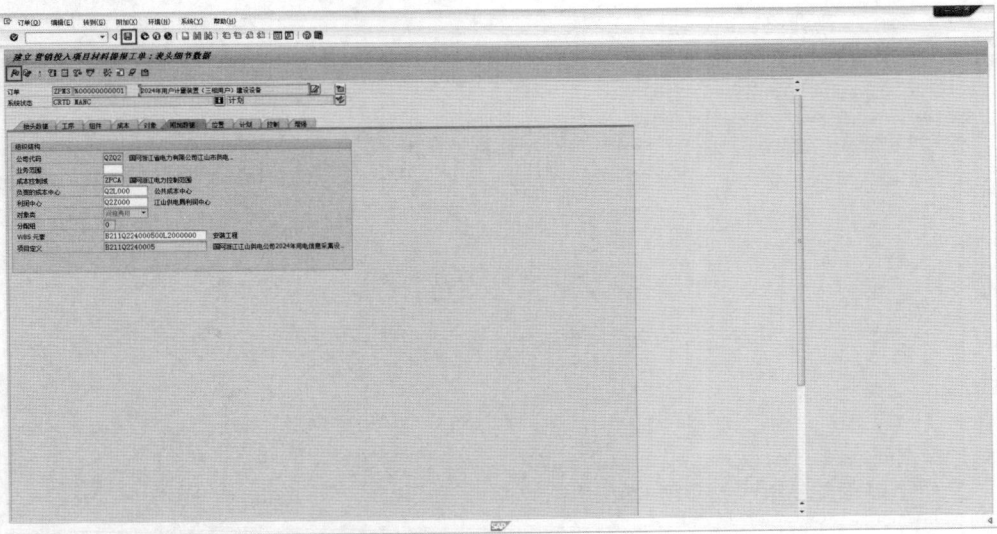

图 2-66 订单下达

工单审核：订单创建并安排好物料且订单状态为待审后，在设备管理模块中查询及审批工单，对物资需求进行审批，计划主管部门主管审批完后，再由项目归口管理部门责任人对大修物资需求进行审核。要求查询或更改的工单已经存在，且操作人员具有审批的系统权限。

（1）输入 IW32 并点击回车键，输入订单号并点击回车键。订单查询如图 2-67 所示。

图 2-67　订单查询 1

（2）点击工序选项卡，双击 0010。订单查询 2 如图 2-68 所示。

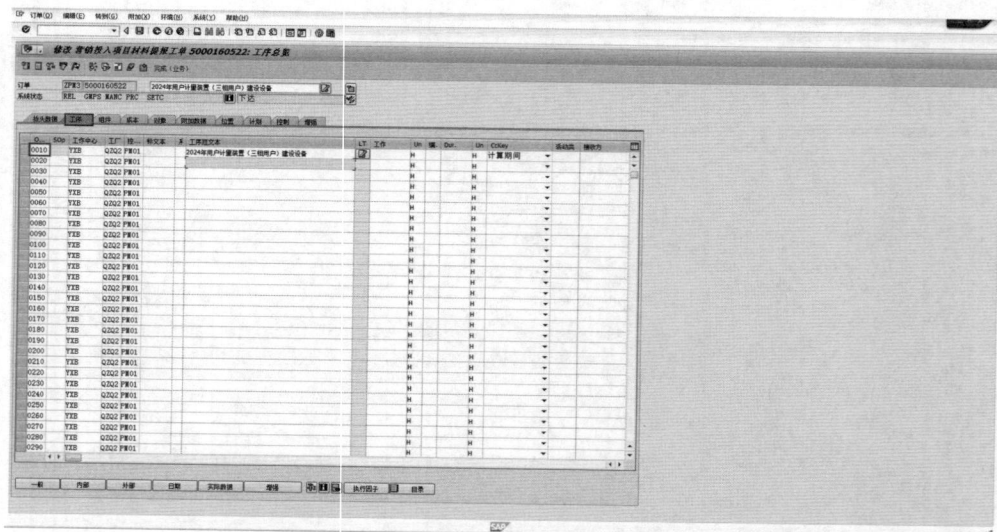

图 2-68　订单查询 2

（3）在组件界面双击 0010。订单查询 3 如图 2-69 所示。

（4）记录下预留号，如图 2-70 所示。

（5）进入仓储作业无纸化办公：输入 ZMM14350，点击创建按钮。仓储作业无纸化办公如图 2-71 所示。

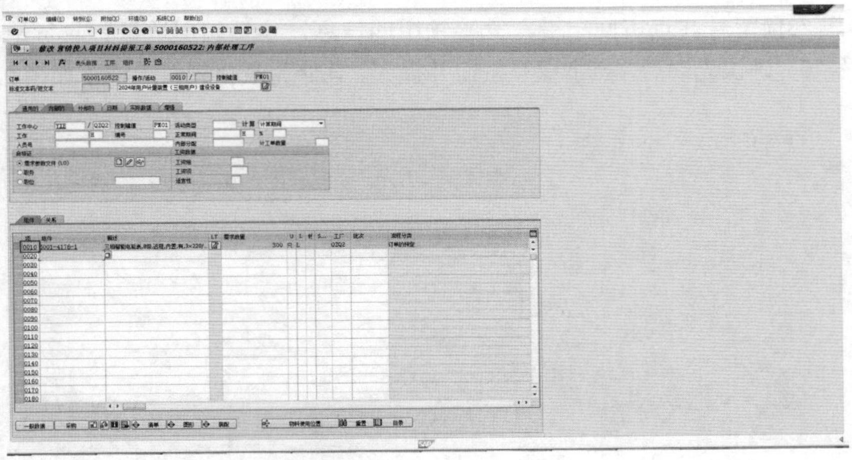

图 2-69　订单查询 3

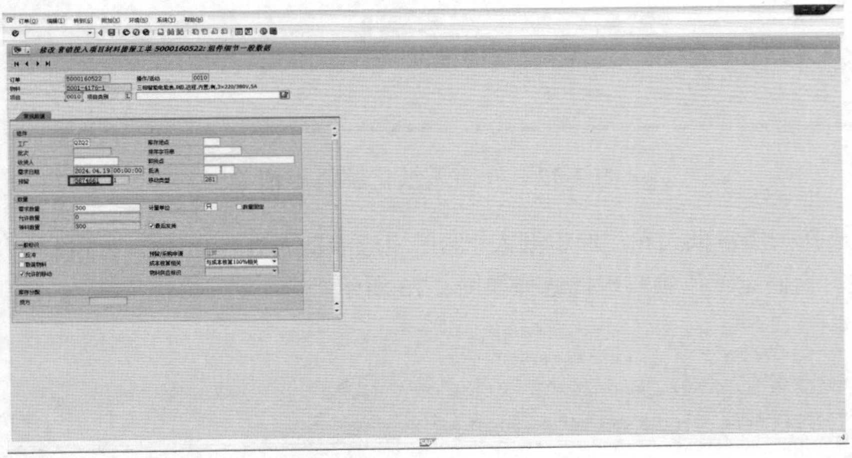

图 2-70　预留号

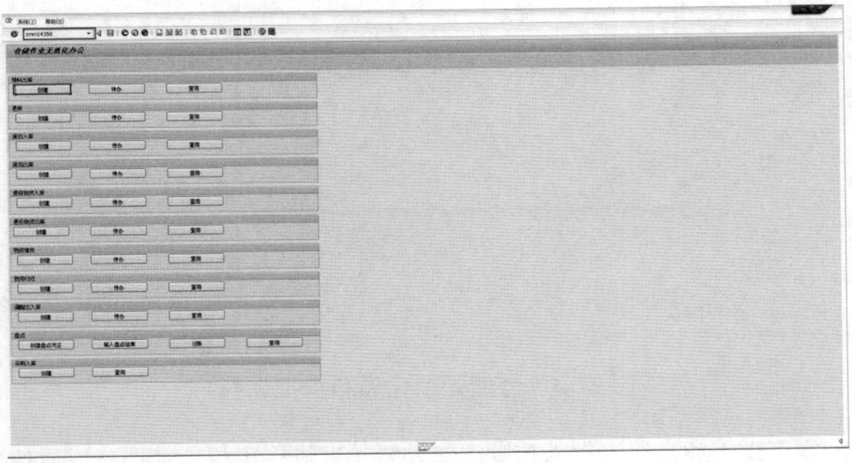

图 2-71　仓储作业无纸化办公

（6）输入预留号并点击回车键，完善领用的信息，包括领用数量、收货地址、联系人、手机号等，确认无误后，点击保存按钮并提交。仓储无纸化领料申请单如图2-72所示。

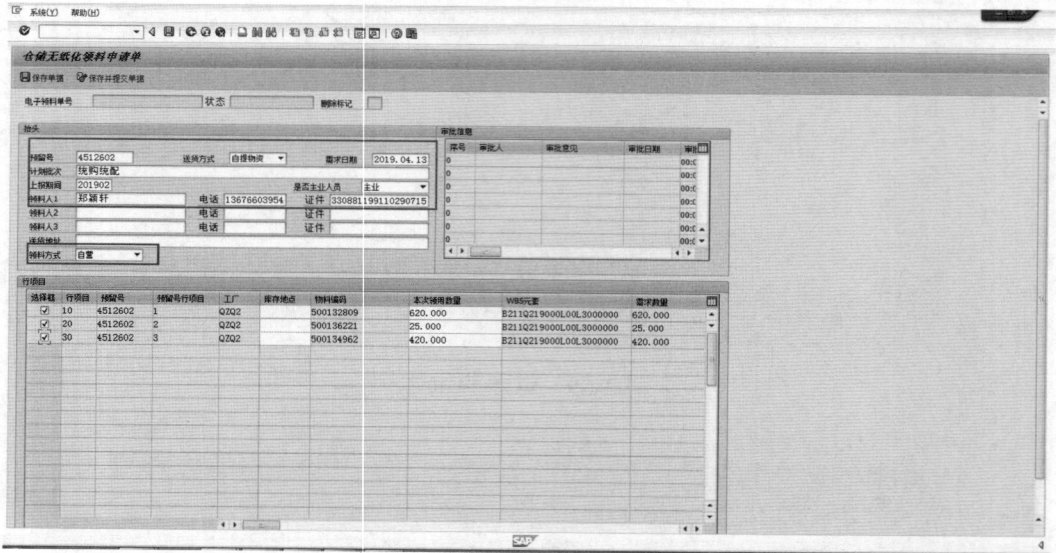

图2-72　仓储无纸化领料申请单

（7）选择一级审批人和二级审批人，然后相应审批人进入仓储作业无纸化办公界面，进行审核。仓储无纸化领料审批选择如图2-73所示。

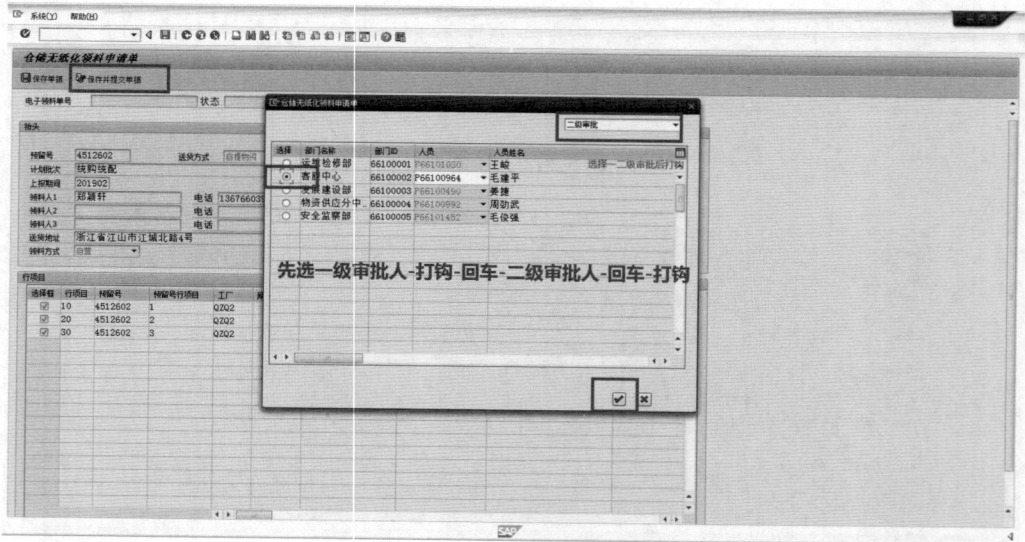

图2-73　仓储无纸化领料审批选择

（8）一级审批人和二级审批人按顺序对领料待办进行审核，全部完成后把预留号提供物资部门进行出库操作。仓储无纸化领料审批如图2-74所示。

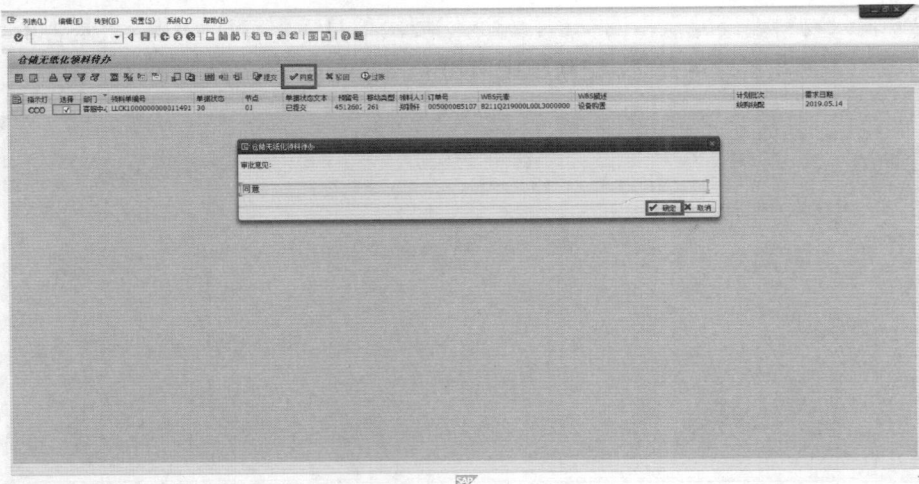

图 2-74   仓储无纸化领料审批

3. 废旧物资管理

项目单位应加强工程退料和废旧物资的监督管理，严禁虚列工程和私自变卖废旧物资等违规行为。流程如下：

（1）项目单位对单项工程剩余物资应如实填写退料单，及时办理规定的退料手续，并将结余物资退回仓库。

（2）对工程中拆除的废旧设备，应如实填写废旧物资交接单，并送至仓库，完成实物交接。

业务流程及图示：

（1）进入仓储作业无纸化办公：输入 ZMM14350。点击"废旧入库—创建"。无纸化办公 1 如图 7-75 所示。

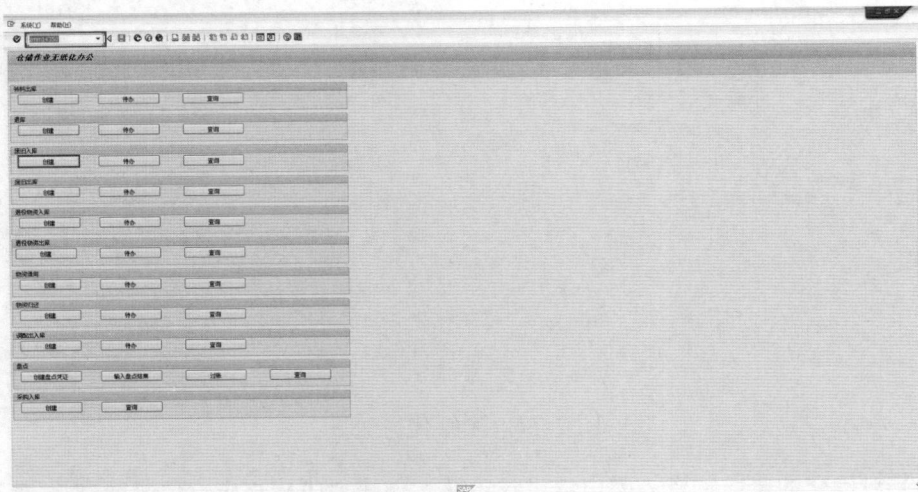

图 2-75   无纸化办公 1

（2）输入物料编码并点击回车键，输入必要的信息后保存，如提示"是否填写实物ID"，直接点击回车键即可提交。记录下废旧物资入库单号。无纸化办公2如图2-76所示。

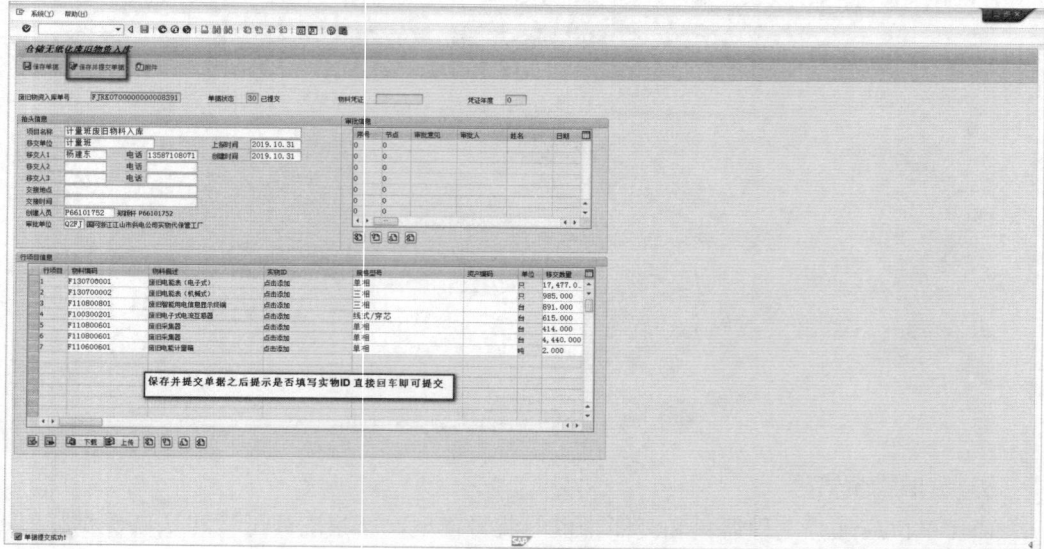

图2-76　无纸化办公2

（3）相应权限的审核人员进入仓储作业无纸化办公：输入ZMM14350，点击"废旧入库—待办"。无纸化办公3如图2-77所示。

图2-77　无纸化办公3

（4）对提交的废旧物资入库申请进行审核，审核完成后相应流程流转到物资部门。废旧物资退库流程结束。废旧物资入库审核如图2-78所示。

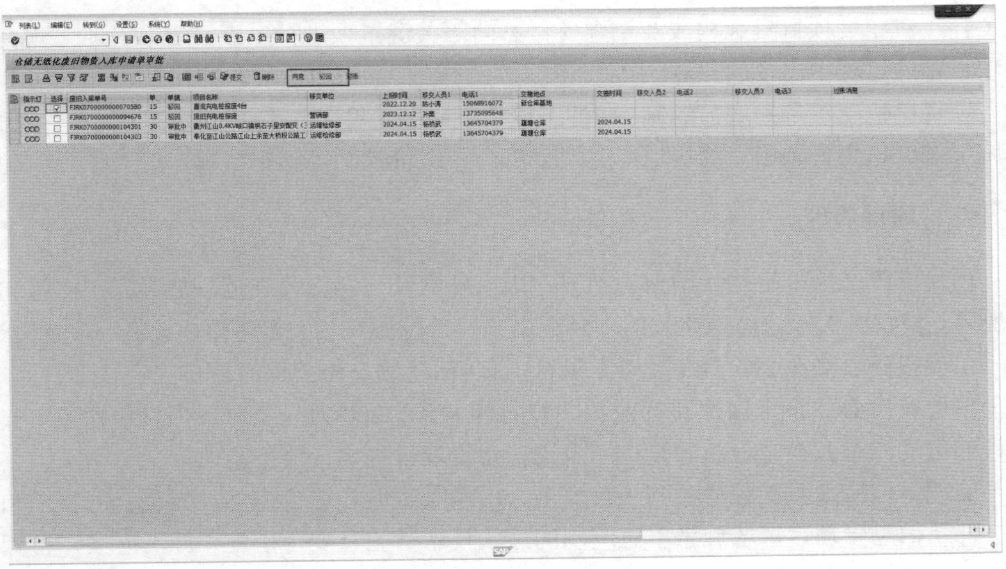

图 2-78　废旧物资入库审核

第五节　项目施工管理

一、施工管理

项目实施必须严格执行国家、公司相关规定，加强施工监理和质量监督。没有引入专业监理单位的项目应由项目单位履行相关管理要求，确保项目质量。包含建筑安装工程的营销项目在开工前，施工单位应履行完整的开工手续，编制施工方案和工程开工报告，经监理单位和项目单位审核通过后方可组织现场施工。开工手续办理前应具备以下条件：①施工合同已签订；②施工预算已批准；③安全措施、技术措施、组织措施、环保措施已批准；④设备材料计划已批准，且施工所需的进场材料、构配件、设备均已自检合格；⑤项目设计图已批准。

营销项目实施应严格执行国家、公司有关的安全管理规定，加强项目安全管理。

（1）根据营销项目实际情况，项目单位应组织施工方案（包括施工组织措施、技术措施、安全措施等）审查。

（2）根据营销项目实际情况，项目单位应组织完成项目开工前必要的开工手续（包括施工许可、开工报告和安全培训等）。

（3）项目单位应加强外包施工单位的资质等级审查，督促施工单位建立健全安全保证和质量管理体系，防止发生人员、电网、设备等方面的安全事故或质量事故。

营销项目管理人员不得承担具体项目实施工作。

项目单位应严格按照营销项目实际工程进度，按照单项工程领取所需物资并办理领料手续。各单位营销部门应确保本单位营销项目管理流程的规范有序、监督管控机制有效运行，对年度项目资金构成及资金支付去向等关键事项进行重点管理，及时发现并解决项目管理过程中出现的问题。

项目单位应每月月底前编制"在建工程项目动态进度表"，包括在建工程（单项工程）的施工进度、物资领用、物资退库、资金流向、造价控制等动态情况。

二、项目监理

项目单位必须严格执行国家、地方、国家电网及公司相关规范，加强施工监理和质量监督。没有引入专业监理单位的项目应由项目单位履行相关管理要求，确保项目质量。

单项投资总额在 200 万元及以上项目，且包括建筑安装工程的项目应实行项目监理，监理单位资质必须符合国家和行业相关规定和要求。200 万元及以下项目包含建筑安装工程的电动汽车充换电设施建设、岸电设施建设项目宜实行项目监理。

监理单位应加强工程协调和项目安全、质量、进度和造价控制，规范合同管理和监理文件及信息管理，审核施工单位编制的施工技术措施、安全措施和施工方案，检查相关措施落实情况。加强工程中间阶段和隐蔽工程的验收见证，开展项目监理验收工作，进行工程变更签证和工程量核定，组织完成项目档案文件归集和整理。

第三章 项目收尾阶段

第一节 竣工验收管理

一、验收要求

营销项目应开展阶段性验收和竣工验收，营销施工类项目应分别开展阶段性验收（中间检查验收）和竣工验收，计量施工、采集运维项目应以子项目为单位开展竣工验收，其余营销项目开展竣工验收。

项目验收应依据国家及行业有关法规、标准和规范，以及国家电网和公司关于验收规范的有关规定，根据项目设计和建设过程中的相关文件资料，对项目施工工程、项目建设结果和设备进行验收检查。

项目验收的主体是各级项目单位，项目施工（建设）、监理、设计单位及项目单位的财务、审计、档案等管理部门应根据项目实际情况配合做好项目验收工作。

二、阶段性验收

营销施工类项目阶段性验收（中间检查验收）是项目验收的重要组成部分，主要是对项目隐蔽性工程部分、项目关键环节或重要节点开展的检查验收。

对于隐蔽性工程（暗敷管线、接地装置等）项目，施工单位应在工程隐蔽前向项目单位或监理单位提出阶段性验收申请。项目单位在接到验收申请后 3 个工作日内组织项目运行维护、设计、监理单位进行隐蔽工程验收，并采取拍照、录影方式对隐蔽工程进行取证，取证资料纳入项目档案管理。

根据批复的项目施工方案及施工环节，项目单位应及时组织施工关键环节或重要节点检查验收，检查合格后，方可进入下阶段施工。

（1）在项目实施关键环节或重要节点，施工单位在完成工程施工后，3 个工作日内向项目单位提出验收申请，项目单位在接到验收申请后，3 个工作日内应组织开展验收，并编制阶段性验收报告。

（2）关键环节或重要节点验收应包括：项目实施的进展情况、工程的选材情况、施工工艺情况等，并采取拍照、录影等方式进行取证，取证资料纳入项目档案管理。

对阶段性验收过程中发现的缺陷，项目单位应在验收后 5 个工作日内出具阶段性验收结果报告，施工单位应对报告中提出的不合格项进行整改，整改完毕后，报请复验，复验合格后方可继续施工。

三、竣工验收

营销施工类项目竣工验收应按照前期准备、验收组织、现场检查、验收总结和验收整改等工作环节开展。

营销创新类项目竣工验收应按照前期准备、验收组织、项目审查、验收总结和验收整改等工作环节开展。

营销建设类项目的竣工验收要求：项目单位在物资到货后应按照公司物资管理规定开展相应验收工作。验收应主要包括到货数量是否与合同相同、物资外观是否破损、技术型号（规格参数）是否符合要求、设备选型是否与项目一致等。验收通过后，及时出具验收单，项目单位对验收合格的物资在验收单上签字，并办理领料手续。

营销运维类项目竣工验收应按照前期准备、验收组织、验收总结和验收整改等工作环节开展。具体环节要求参见《国网浙江省电力有限公司关于修订营销项目管理规范的通知》（浙电营〔2023〕639 号）。

项目竣工验收流程图如图 3-1 所示。

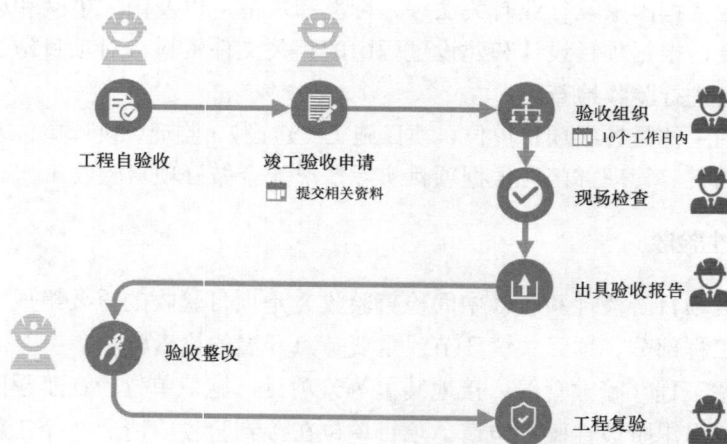

图 3-1　项目竣工验收流程图

第二节　项目结算管理

一、工程量结算审核

（1）营销项目（子项）竣工验收通过 15 个工作日内，项目单位组织编制项目结算书，整理项目结算资料，开展项目竣工结算工作。

（2）营销项目应逐项单独编制竣工结算书（表），且竣工结算应与合同对应，营销项目竣工结算书（表）应至少包括以下内容：①项目名称、编制单位、编制人、审核人、日期、负责人签字（印章）等；②项目结算编制说明（包括项目概况、结算编制原则和依据等）；③项目结算表。

（3）竣工验收后，项目单位应对营销项目开展采购及合同管理、物资管理、验收管理等内容的内部核查或第三方核查，还应对营销施工类项目开展第三方审价，并出具核查意见指导整改。

（4）项目单位营销部门将经核查整改后的资料提交审价单位进行结算审价，审价单位根据审价情况出具审价报告。工程结算审价的主要内容包括：

1）初步设计概算和施工图预算的审批与执行是否规范；施工单位、合同价、结算价是否与中标信息一致。

2）审查设计变更联系单、工程量确认单等内容是否属实、手续是否完备；结算与现场实际内容及工程量是否相符；甲供材料清单是否相符，工程设备材料数量、价款结算及增值税抵扣是否正确。

3）审查项目资料完整性及规范性，工程量计算、定额套用是否正确；工程合同中的约定条款是否得到执行，结算审价流程图如图3-2所示。

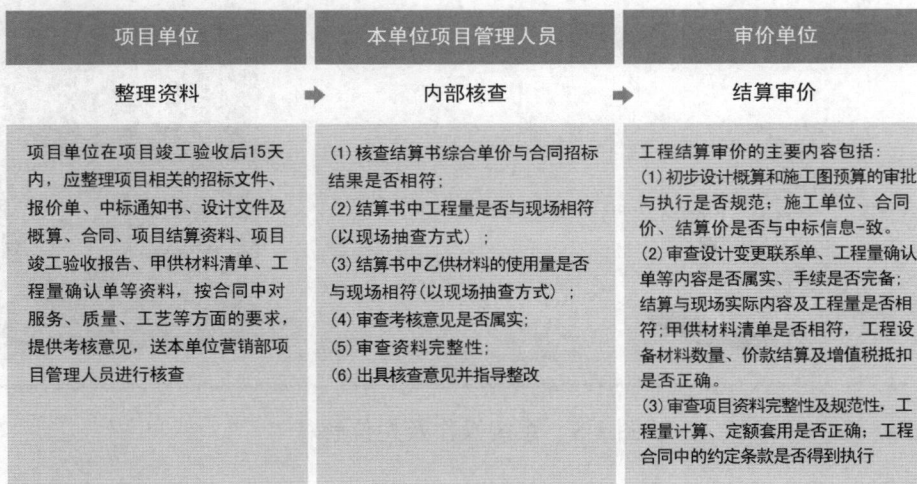

项目单位	本单位项目管理人员	审价单位
整理资料	内部核查	结算审价
项目单位在项目竣工验收后15天内，应整理项目相关的招标文件、报价单、中标通知书、设计文件及概算、合同、项目结算资料、项目竣工验收报告、甲供材料清单、工程量确认单等资料，按合同中对服务、质量、工艺等方面的要求，提供考核意见，送本单位营销部项目管理人员进行核查	（1）核查结算书综合单价与合同招标结果是否相符；（2）结算书中工程量是否与现场相符（以现场抽查方式）；（3）结算书中乙供材料的使用量是否与现场相符（以现场抽查方式）；（4）审查考核意见是否属实；（5）审查资料完整性；（6）出具核查意见并指导整改	工程结算审价的主要内容包括：（1）初步设计概算和施工图预算的审批与执行是否规范；施工单位、合同价、结算价是否与中标信息一致。（2）审查设计变更联系单、工程量确认单等内容是否属实、手续是否完备；结算与现场实际内容及工程量是否相符；甲供材料清单是否相符，工程设备材料数量、价款结算及增值税抵扣是否正确。（3）审查项目资料完整性及规范性，工程量计算、定额套用是否正确；工程合同中的约定条款是否得到执行

图 3-2　结算审价流程图

（5）工程审价结束后，项目单位应整理中标通知书、合同、项目结算资料（含工程量确认单）、项目竣工验收报告、审价报告、原始发票等资料于竣工验收后30天内提交财务部门完成报账，财务部门审核后，支付工程款，若合同中约定有质保金，支付工程款时须扣除。

（6）项目资金必须严格遵守公司有关内控规定，在合同约定的使用范围内，按照项目实际进度结算和支付。项目单位在申请支付项目质保金时，须向财务部门提交验收意见和质量保证金返还意见书，经审核合格后，方可办理付款手续。

二、工程款结算相关 ERP 系统操作

（一）成本性项目结算

1. IW31 订单创建

系统菜单及交易代码如表 3-1 所示。

表 3-1	系统菜单及交易代码
ERP 菜单	后勤→工厂维护→维护处理→订单→创建
事务代码	IW31

业务流程及图示：

（1）在交易栏输入事务代码 IW31 后，点击回车键或根据路径选择 IW31。系统操作及栏位解释如图 3-3 所示。

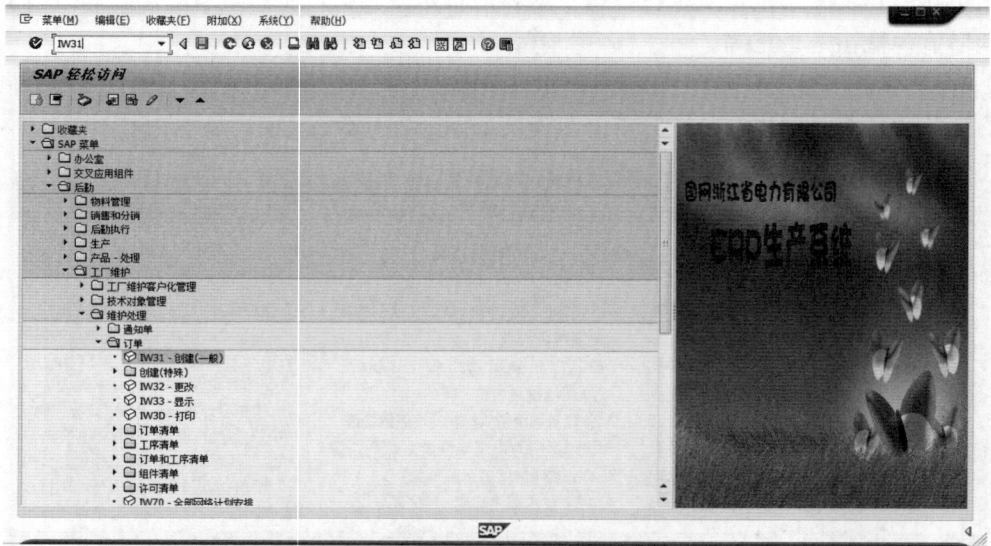

图 3-3　系统操作及栏位解释

（2）进入"建立营销投入项目材料提报：初始屏幕"界面如图 3-4 所示。

（3）订单类型：依据自身业务情况选择或输入工单类型，为必填项。营销项目一般选择 ZPM3。

（4）计划工厂：输入计划工厂代码，如果不清楚单位代码，可点击右侧方框进行搜索。计划工厂是一个逻辑上的定义。它为其所属的维护工厂进行维护工作清单的定义，维护计划的执行、管理和规划，以及负责对维护工单的处理。

（5）点击回车键，进入"营销投入项目材料提报工单：中央表头"界面，如图 3-5所示。

（6）工单描述：简单描述工单的内容，为必填项。

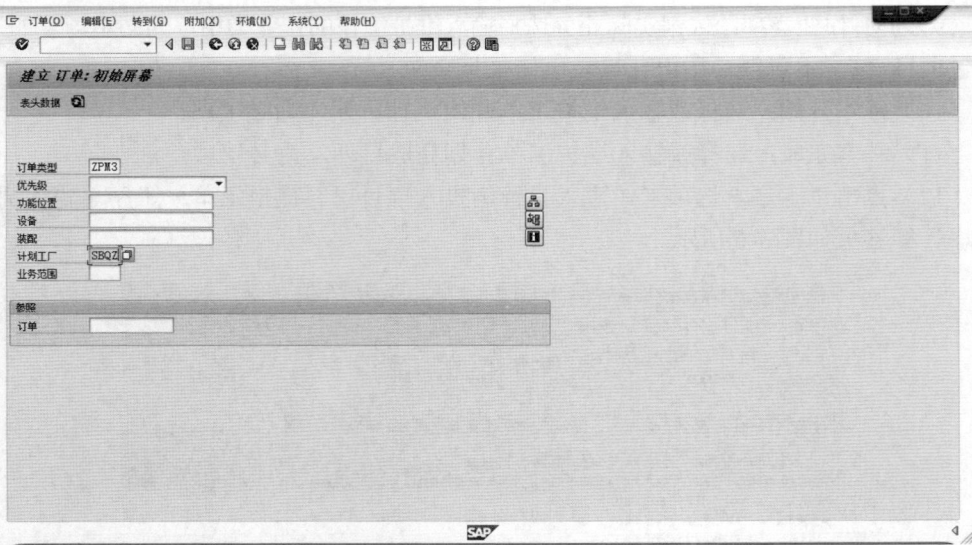

图 3-4 初始屏幕

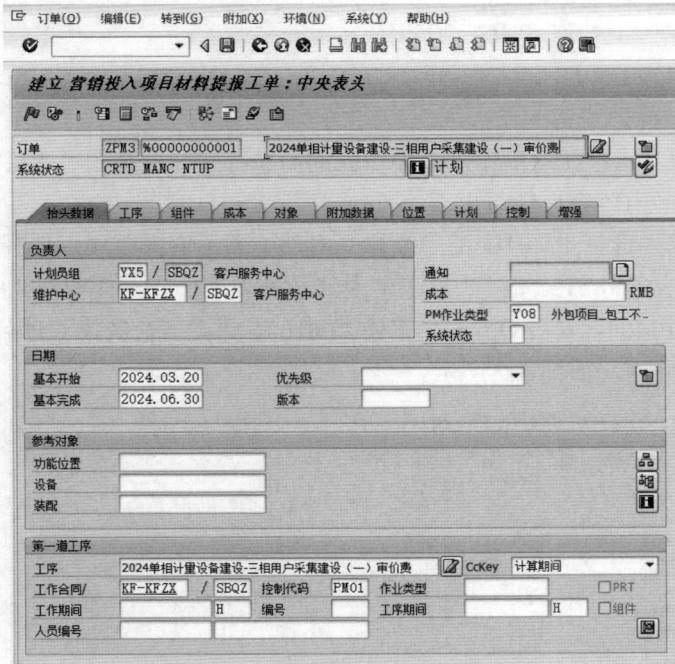

图 3-5 中央表头

（7）计划员组：选择或输入计划员组，为必填项。如 YX5（客户服务中心），为各
单位职能部门或专职。

（8）维护中心：选择或输入维护处理的检修班组，为必填项。如 KF-KFZX（客户服
务中心），为各单位维护班组。

（9）PM 作业类型：依据实际业务选择输入维护工作的作业类型，为必填项。如 Y08（外包项目_包工不包料（用电计量及电信采集系统）。

（10）基本开始：选择或输入维护工单开始执行日期，为必填项。

（11）基本完成：选择或输入维护工单计划完成日期，为必填项。

（12）点击"工序"选项卡，进入"营销投入项目材料提报工单：工序总览"界面，"工序"标签页如图 3-6 所示。

图 3-6 "工序"标签页

（13）工序短文本：在这里输入工作步骤的简单描述，如果在"抬头数据"中输入了工单描述，这里的内容会自动带出。

（14）控制码：选择 PM01（工厂维护—内部）表示内部工序，选择 PM03（工厂维护—外部服务）表示外部工序；如果工单中涉及外委工作，则需要在工单中创建外委工序，控制码选择 PM03，双击 OpAc 栏下的"0010"，进入"营销投入项目材料提报工单：外协加工工序"界面，如图 3-7 所示。

图 3-7 外协加工工序界面

（15）短文本：输入工作步骤的简单描述，一般同"抬头数据"中工单描述。

（16）数量：输入服务的费用（不含税）。

（17）计量单位：选择合适的计量单位。

（18）总价格：输入 1。

（19）输入完成以后，点击回车键，"价格"处就会记录所有服务的总价格，维护完信息，返回至工序界面。

（20）点击"附加数据"选项卡，进入"营销投入项目材料提报工单：表头细节数据"界面，如图 3-8 所示。

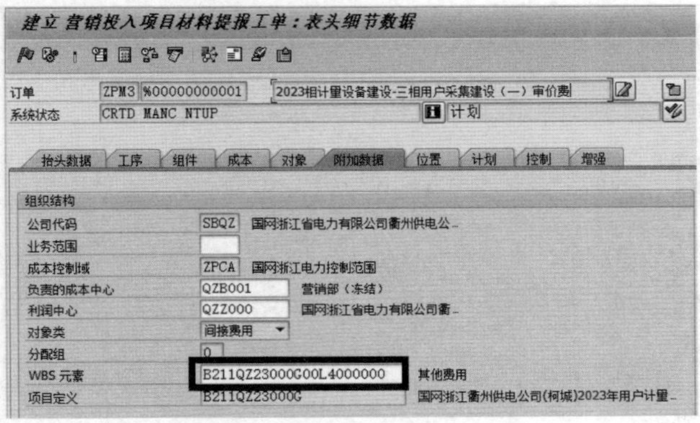

图 3-8 "附加数据"标签页

（21）WBS 元素：输入 WBS 元素或点击查询按钮，打开 WBS 元素查询对话框，输入项目定义后可查找对应项目所需的 WBS 元素。

（22）点击"位置"选项卡，进入"营销投入项目材料提报工单：位置数据"界面，如图 3-9 所示。

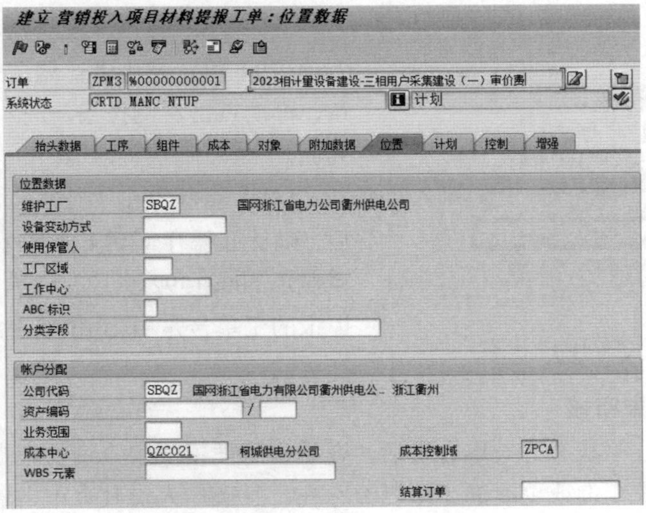

图 3-9 "位置"标签页

（23）维护工厂：输入本单位维护工厂代码。

（24）公司代码：输入本单位公司代码。

（25）成本中心：输入对应的成本中心。

（26）输入信息后，点击回车键，会显示对应代码信息，点击"增强"选项卡，进入"营销投入项目材料提报工单：中央表头"界面，如图 3-10 所示。

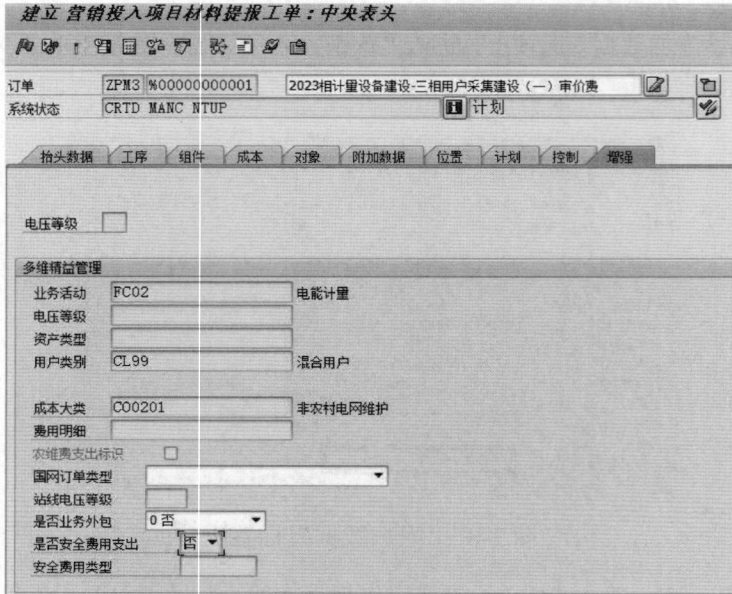

图 3-10　"增强"标签页

（27）是否业务外包：依据实际业务选择，一般选择否，如图 3-10 所示。

（28）用户状态为"计划"状态，点击右侧按钮，弹出"设置用户状态"界面，如图 3-11 所示。

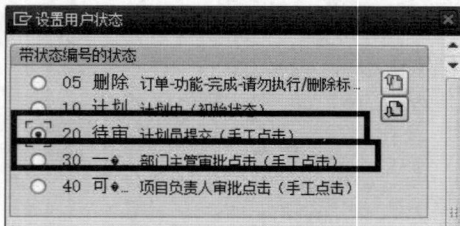

图 3-11　设置用户状态

（29）将状态由"计划"改为"待审"后确认，再次点击右侧按钮，进入"设置用户状态"界面。

（30）将状态由"待审"改为"一审通过"后，确认并保存。☑带 5000159249 号的订单已保存 状态栏显示 5000159249 号的订单已保存。营销项目提报的工单号是由 10 位数字组成，都是以"5"开头的。

2．IW32 订单审核

订单创建且订单状态为一审通过后，在设备管理模块中查询及审批工单，对物资需求进行审批。要求查询或更改的工单已经存在，且操作人员具有审批的系统权限。系统菜单及交易代码如表 3-2 所示。

表 3-2	系统菜单及交易代码
ERP 菜单	后勤→工厂维护→维护处理→订单→更改
事务代码	IW32

业务流程及图示：

（1）在 IW32 订单后面输入用 IW31 创建生成的订单号输入订单号后，点击回车键，进入如下系统操作及栏位解释界面，如图 3-12 所示。

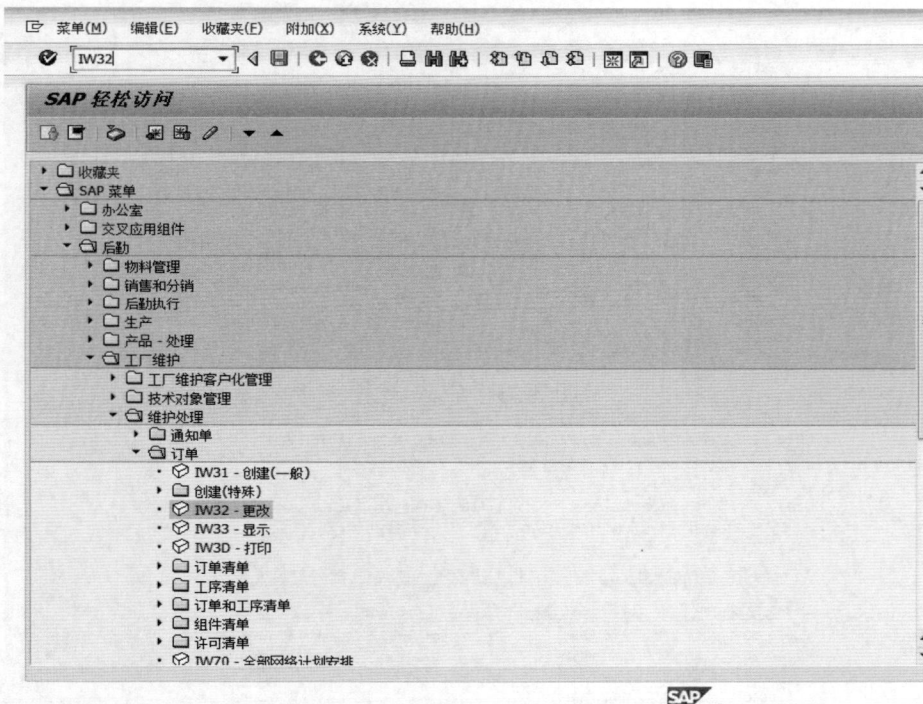

图 3-12　系统操作及栏位解释

（2）可以依次点击抬头数据、工序、组建、成本、对象、附加数据等各页签进行修改或检查输入数据是否正确。

（3）确认无误后点击"一审通过"右侧按钮，弹出"设置用户状态"界面，把用户状态从"一审通过"状态改为"可下达"。点击左上角下达按钮后保存。中央表头标签页如图 3-13 所示。

（4）对于物资类采购需要订单预留号来创建电子领料单，而对于服务类订单则需要订单预留号建立外委服务采购订单。要求查询或更改的工单已经存在，且操作人员具有审批的系统权限。

（5）再次进入 IW32，输入用 IW31 创建生成的订单号，输入订单号后，点击回车键，进入工序总览界面，如图 3-14 所示，双击 OpAc 栏下的"0010"。

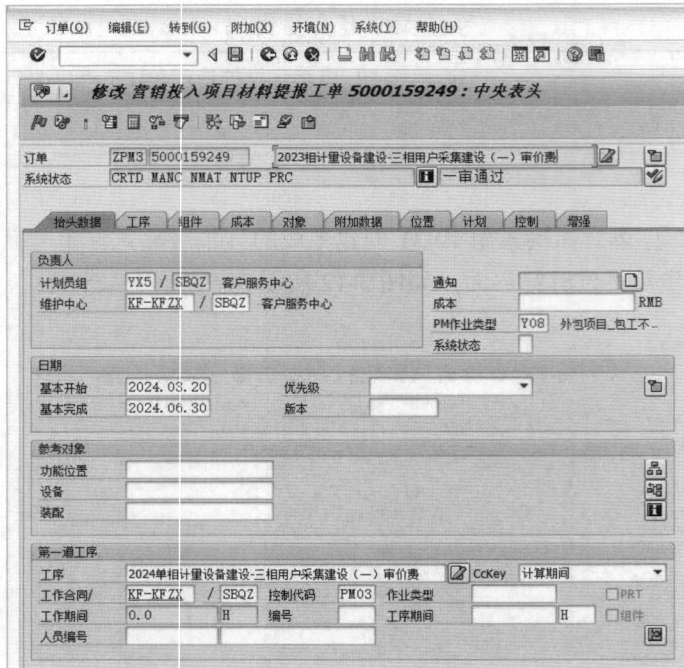

图 3-13　中央表头

图 3-14　"工序"标签页

（6）进入营销投入项目材料提报工单：一般工序数据界面，如图 3-15 所示。

（7）选择"实际数据"标签页，如图 3-15 所示，查看预留号（采购申请号）并做好记录。

3. ME21N 创建采购订单

系统菜单及交易代码如表 3-3 所示。

表 3-3　　　　　　　　　　　　系统菜单及交易代码

ERP 菜单	后勤→物料管理→采购→采购订单→创建→已知供应商/供应工厂
事务代码	ME21N

图 3-15 "实际数据"标签页

业务流程及图示：

（1）在 ME21N 创建采购订单，系统操作及栏位解释如图 3-16 所示，选择"采购申请"，进入采购申请界面。创建采购订单如图 3-17 所示。

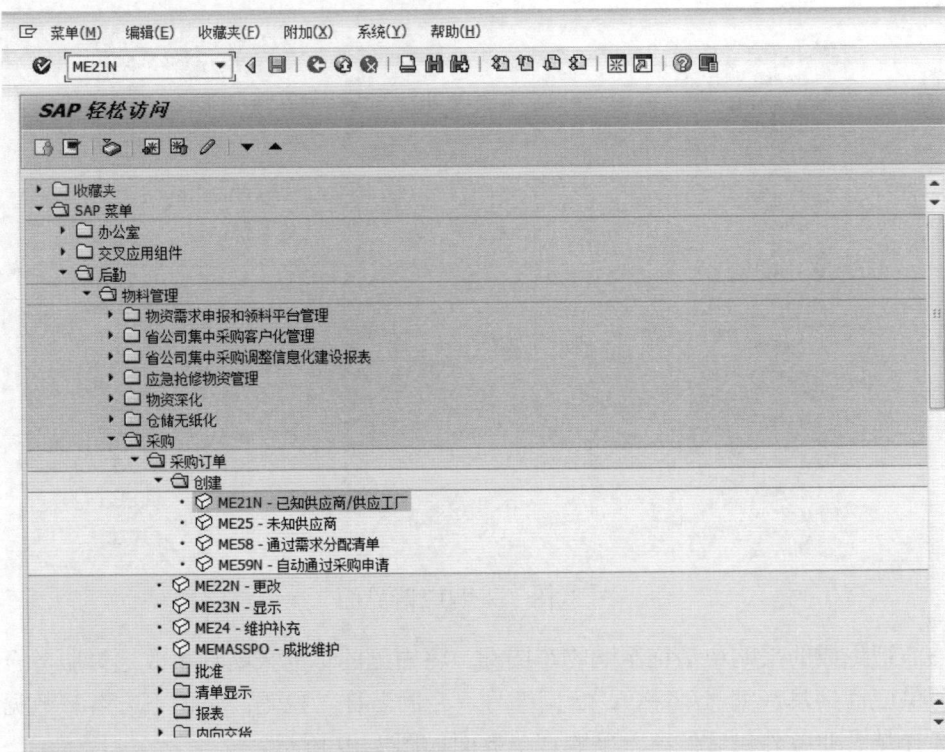

图 3-16 系统操作及栏位解释

（2）在采购申请编号处填写由 IW32 生成的预留号（采购申请号），填写工厂代码；点击左上角执行，将生成一个新的采购申请，采购申请界面如图 3-18 所示。

图 3-17　创建采购订单

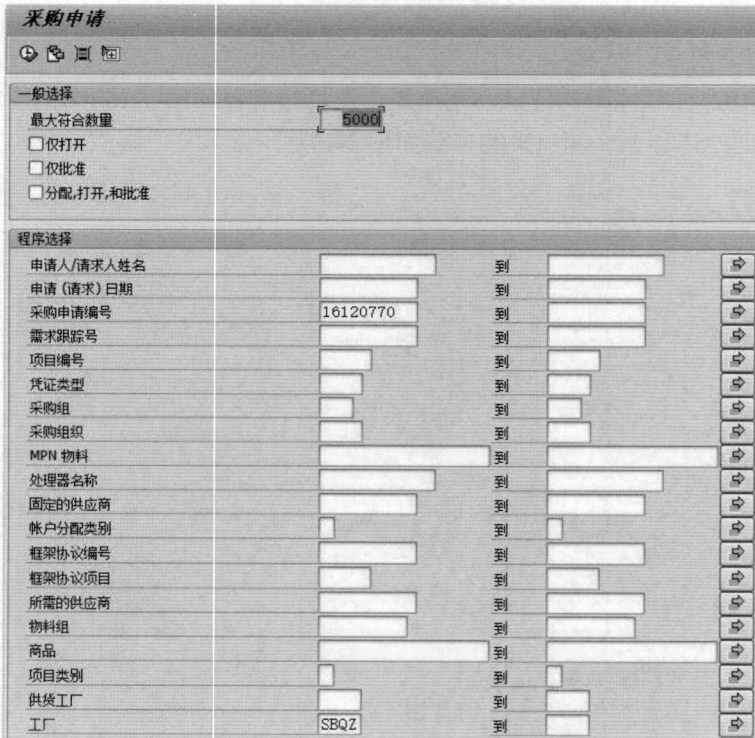

图 3-18　采购申请界面

（3）把生成的采购申请拖至购物车图标，将右侧的标准采购订单改选择服务合同，并填写供应商信息（编号/名称）、合同编号、合同名称、税码；点击下方客户数据标签页，选择是否业务外包后保存。采购订单界面如图 3-19 所示。

（4）将生成的标准采购订单号记录下来。

4. ME22N 更改采购订单

如果在 ME21N 中有错误，需要修改，可通过 ME22N 更改。如果无须修改，可跳过此步骤。系统菜单及交易代码如表 3-4 所示。

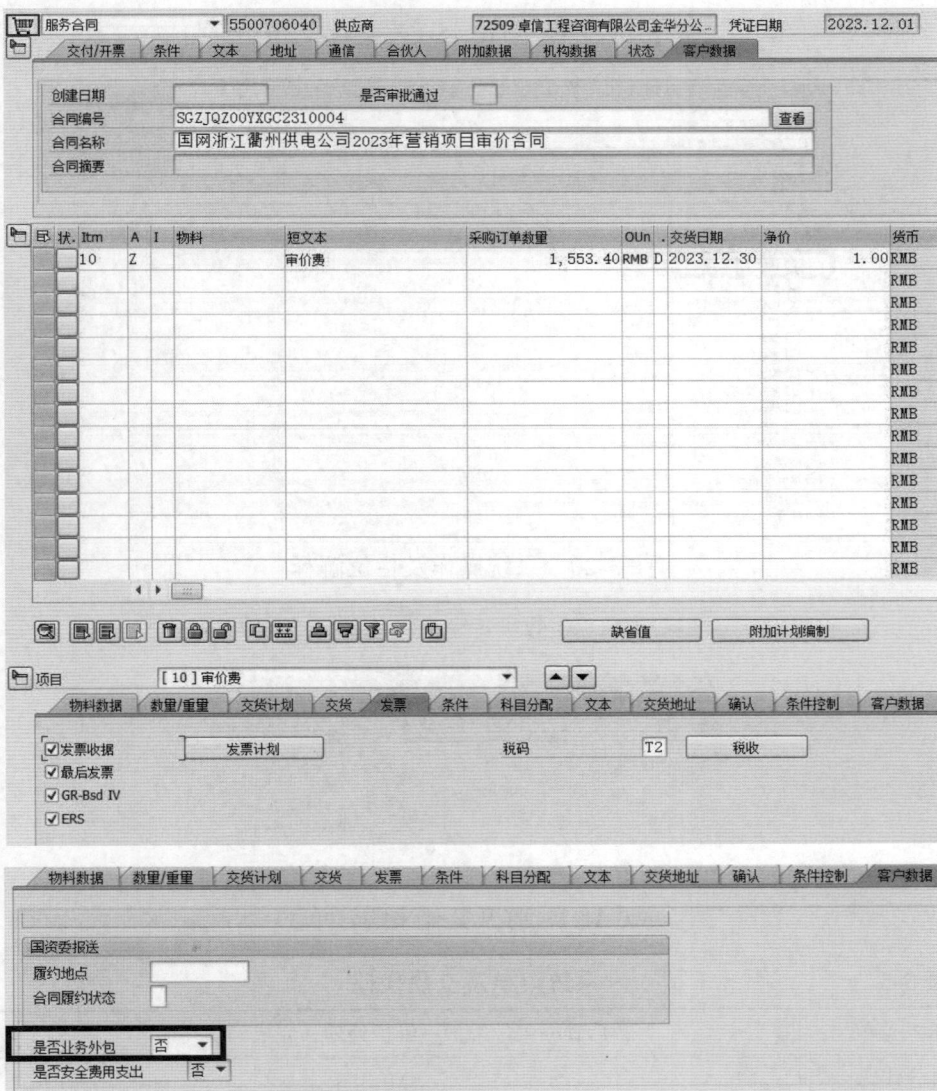

图 3-19　采购订单界面

表 3-4　　　　　　　　　　**系统菜单及交易代码**

ERP 菜单	后勤→物料管理→采购→采购订单→更改
事务代码	ME22N

业务流程及图示：

系统操作及栏位解释如图 3-20，在 ME22N 界面中选择打开其他采购订单如图 3-21 所示，输入采购订单号或采购申请号，检查采购订单，修改需要变更的信息。

5. ML81N 外委服务结算确认

系统菜单及交易代码如表 3-5 所示。

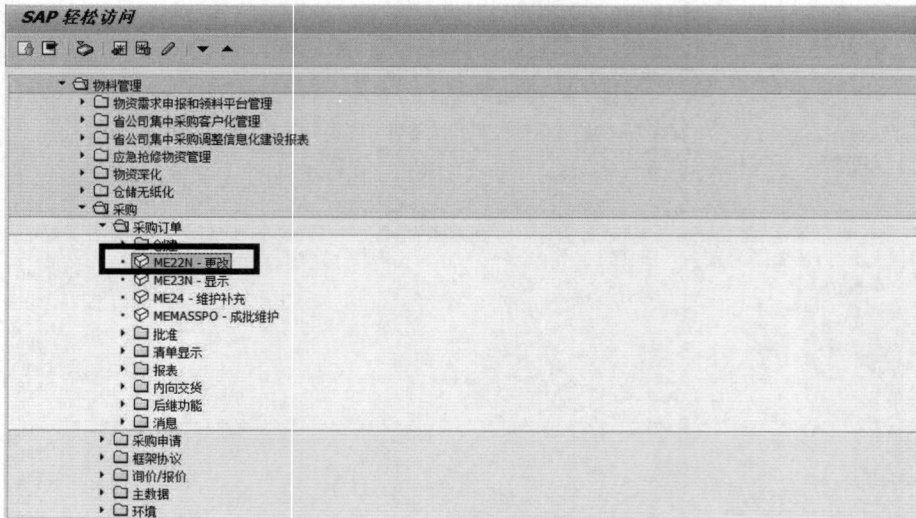

图 3-20　系统操作及栏位解释

图 3-21　打开其他采购订单

表 3-5　　　　　　　　　　　　　系统菜单及交易代码

ERP 菜单	后勤→工厂维护→维护处理→完成确认→服务
事务代码	ML81N

业务流程及图示：

（1）在 SAP 菜单中根据路径找到"ML81N-服务"，系统操作及栏位解释如图 3-22 所示，点击执行进入对应功能界面。

（2）点击"其他采购订单"弹出"选择采购订单/条目单"对话框，输入由 ME21N 生成的标准采购订单号，点击确认，生成采购订单/条目单，如图 3-23 所示。

（3）光标所在的条目（即当前需要确认的采购订单），选中需要确认的采购订单，点击鼠标右键，选择"创建—计划服务"，如图 3-24 所示。

（4）跳出"接受计划服务—百分比数量"界面如图 3-25 所示，点击确认按钮。百分比数量是指确认外委服务的工作量，如输入 100，则指对外委服务 100%确认；此操作直接与外委服务的费用关联。

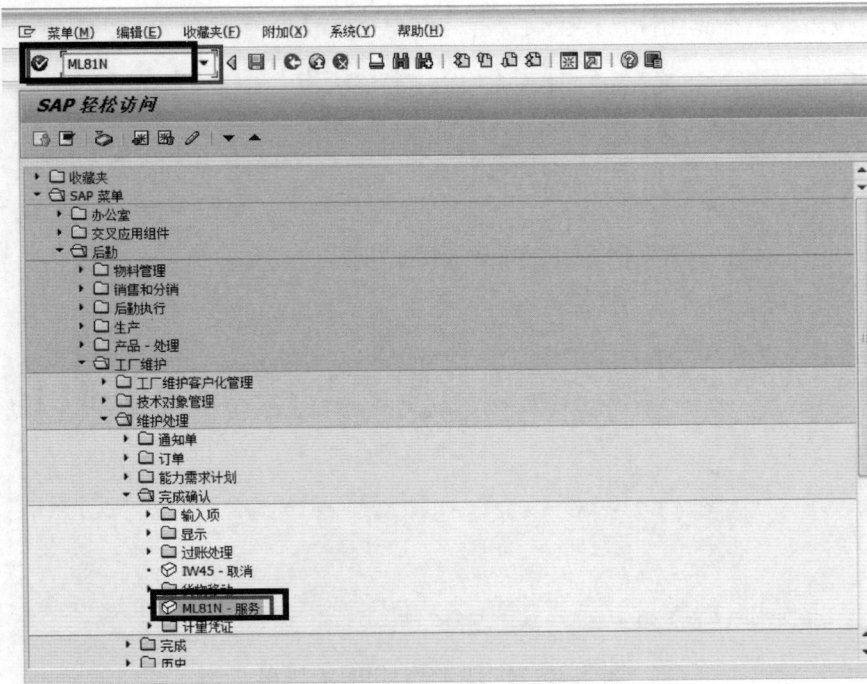

图 3-22　系统操作及栏位解释

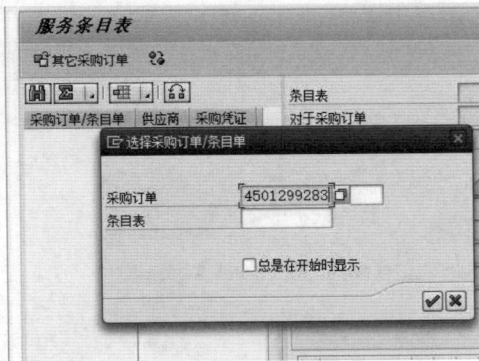

图 3-23　选择采购订单/条目单

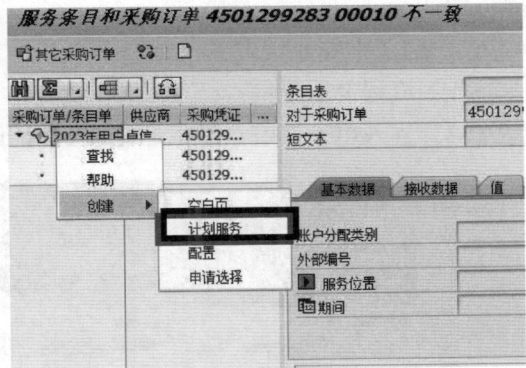

图 3-24　创建—计划服务

图 3-25　计划服务—百分比数量

（5）确认的外委服务下出现（不被接受）的条目，选中红色小球，在右侧短文本处填写费用简介，方便查找。

（6）点击绿色小旗图标，接受后保存。创建采购订单/条目单如图3-26所示。

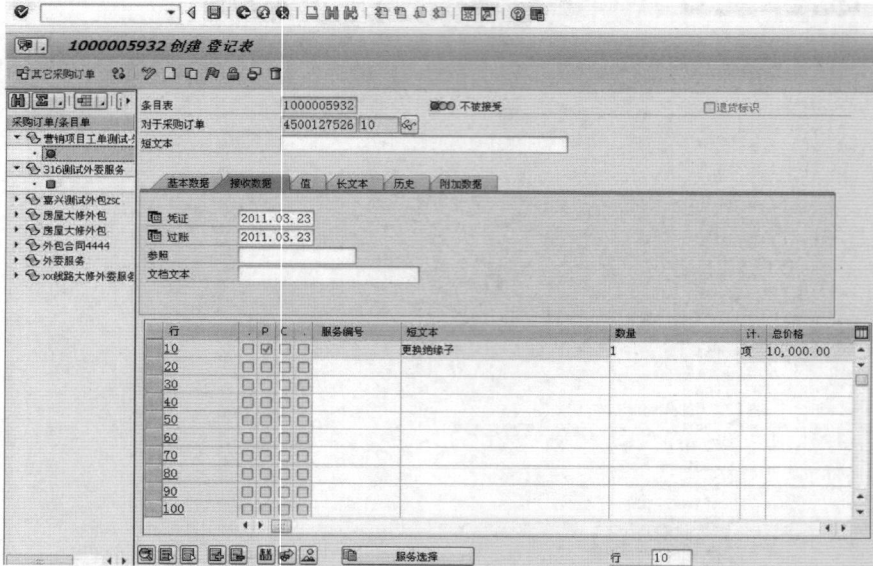

图 3-26　创建采购订单/条目单

（7）信息栏出现"☑ 服务输入单已保存，接受凭证 5000000403 已入账"表示服务确认成功，将服务凭证记录下来。

6. 电子报账系统发票校验申请

业务流程及图示：

（1）进入电子报账系统，如图3-27所示，选择发票校验申请—新建。

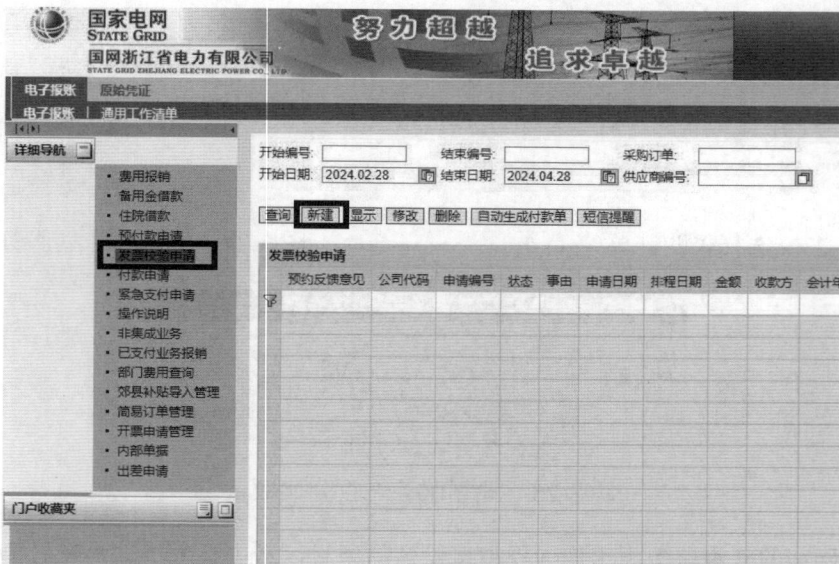

图 3-27　电子报账系统

（2）选择申请单类型：订单管理-营销项目，进入详细界面，申请单类型选择如图 3-28 所示。

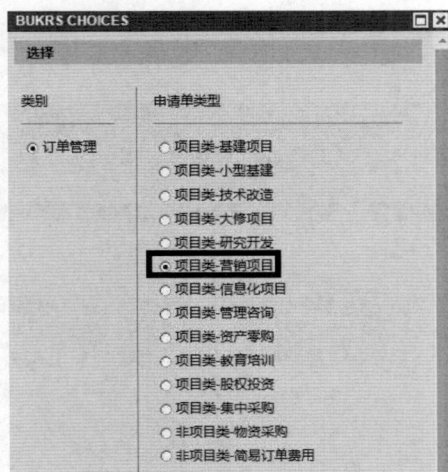

图 3-28　申请单类型选择

（3）输入项目子类和采购订单分类，输入采购订单编号后，点击回车键，检查相关信息是否正确。

（4）输入付款总金额、事由等标记"＊"必填项和款项性质后，上传发票、开工报告、竣工报告、审价报告、结算单等相关材料至附件，保存并提交。新建发票校验申请如图 3-29 所示。

图 3-29　新建发票校验申请

（5）发票校验审批通过后，发起付款申请流程。

7．电子报账系统付款申请

业务流程及图示：

（1）进入电子报账系统，如图 3-30 所示，选择付款申请—新建。

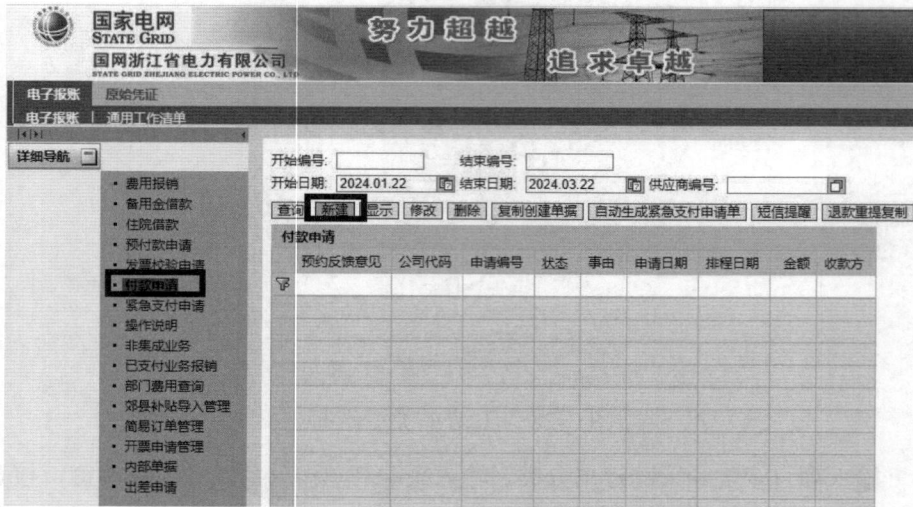

图 3-30　电子报账系统

（2）选择申请单类型：订单管理-营销项目，进入详细界面，如图 3-31 所示。

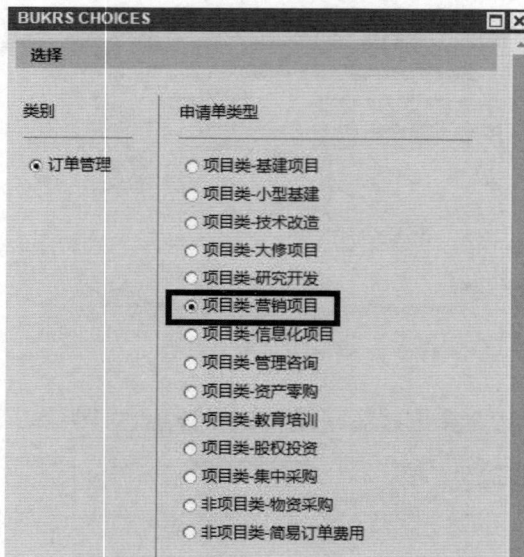

图 3-31　申请单类型选择

（3）输入项目子类和采购订单分类，点击发票校验号右侧的小方块，输入发票校验申请号（或者订单号，点击搜索，选中后点击右侧增加按钮）；输入付款总金额、供应商编号等标记"*"必填项并提交相关附件后，保存并提交。订单信息（前半）和订单信息（后半）如图 3-32 和图 3-33 所示。

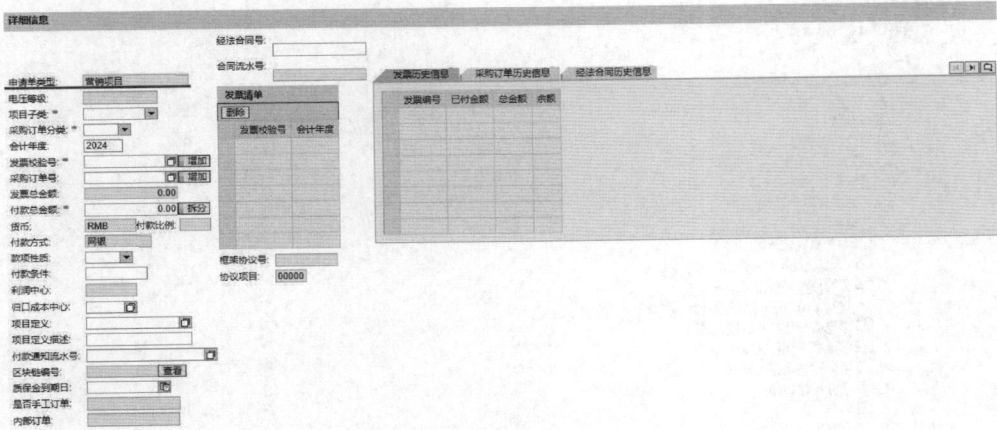

图 3-32　订单信息（前半）

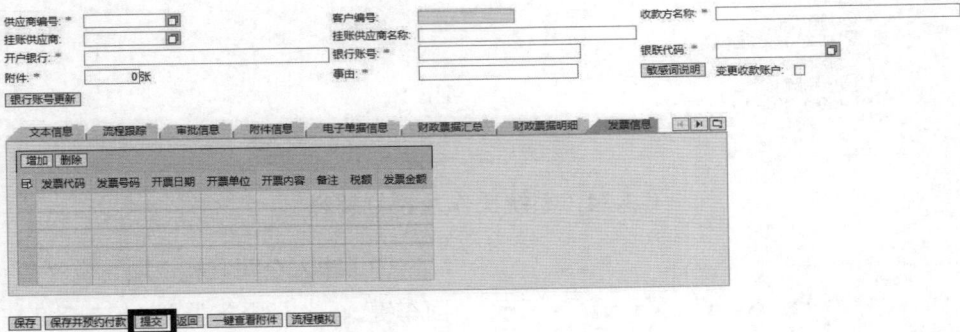

图 3-33　订单信息（后半）

（二）资本性项目

资本性项目必须使用智能竣工结算模块创建订单，使用智能竣工结算提交的订单无须登录电子报账系统进行发票校验。

1. ZPS14074 服务订单创建

系统菜单及交易代码如表 3-6 所示。

表 3-6　　　　　　　　　　**系统菜单及交易代码**

ERP 菜单	信息系统→工程服务智能结算模块→订单智能结算模块
事务代码	ZPS14074

业务流程及图示：

（1）点击进入订单智能结算模块，系统操作及栏位解释如图 3-34 所示。

（2）选择"一般工程服务订单创建"，订单智能结算模块如图 3-35 所示。

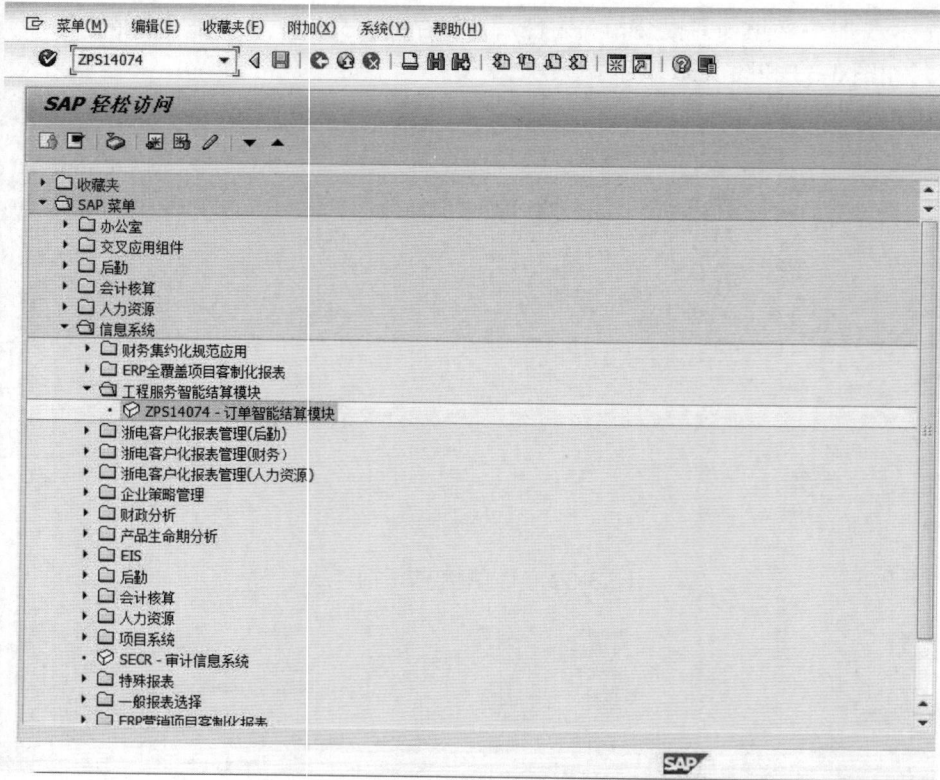

图 3-34　系统操作及栏位解释

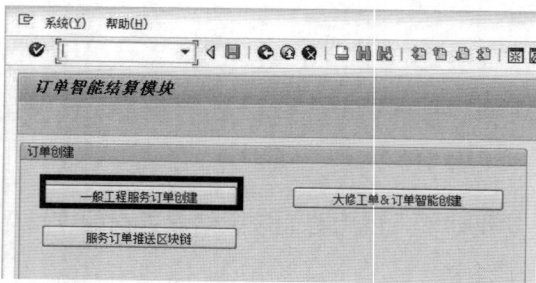

图 3-35　订单智能结算模块

（3）输入公司代码、项目定义后点击回车键，再选择服务类型，点击查询按钮。系统根据服务类型与 WBS 科目对应表，取出项目定义下对应的 WBS。服务订单智能创建如图 3-36 所示。

（4）填入订单信息中标"*"的必输信息后，手工输入费率（非必填）、税率和数量。费率根据实际情况，参照合同上费率信息填入，不作为必输字段校验。税率可在每行手工输入，也可选中多行，点击"批量维护税率"完成批量输入，税率为必输字段。

（5）填写完成后，将鼠标放在状态灯前，当鼠标变为右箭头后，按下鼠标左键，选中须创建订单的 WBS。如需要选择多行 WBS，按住 Ctrl 键，选择多行 WBS 后，点击"创建订单"，系统弹出消息："请勿漏选本订单业务包含的 WBS 元素行项目，否则将影响正常收货，是否继续？"用户选择"是"后，一键完成服务采购申请、服务采购订单创建。服务订单智能创建订单信息如图 3-37 所示。

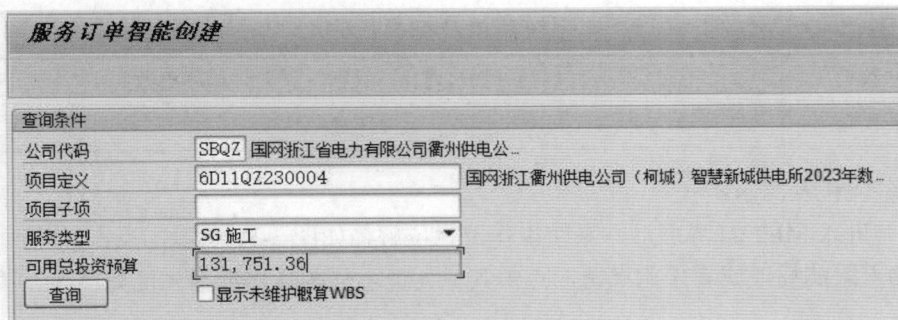

图 3-36　服务订单智能创建

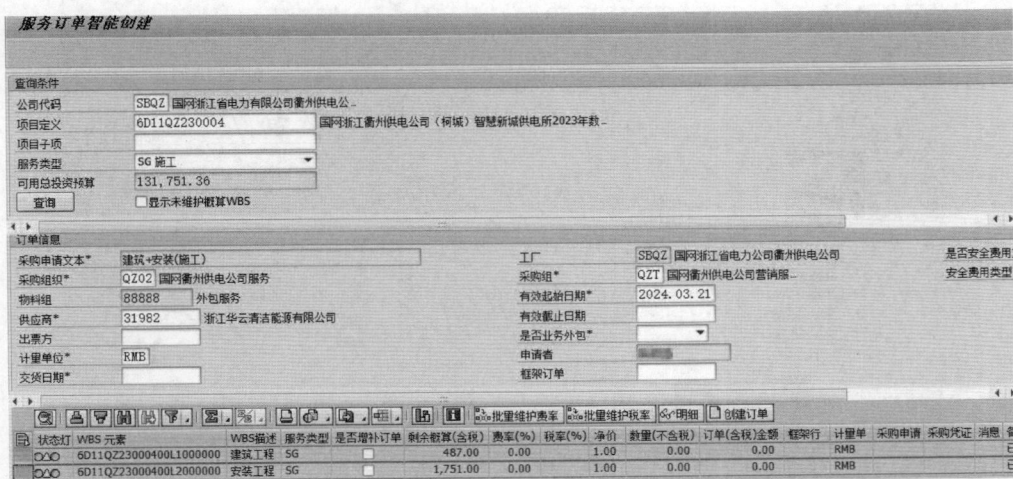

图 3-37　服务订单智能创建订单信息

（6）选中一行 WBS，点击"明细"，可查看该 WBS 下已创建的所有服务订单。订单明细如图 3-38 所示。

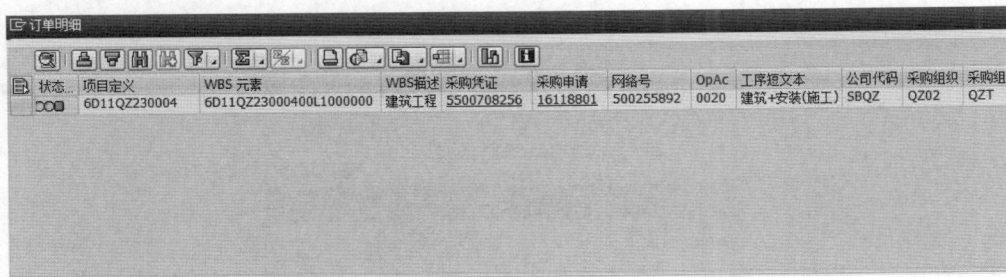

图 3-38　订单明细

（7）将每一条 WBS 下订单明细中的采购凭证与采购申请记录下来。

2. ME22N 更改采购订单

系统菜单及交易代码如表 3-7 所示。

表 3-7 系统菜单及交易代码

ERP 菜单	后勤→物料管理→采购→采购订单→更改
事务代码	ME22N

业务流程及图示：

（1）进入 ME22N 界面后，系统操作及栏位解释如图 3-39 所示，点击"其他采购订单"，输入采购凭证或者采购申请，点击其他凭证，采购订单选择凭证如图 3-40 所示。

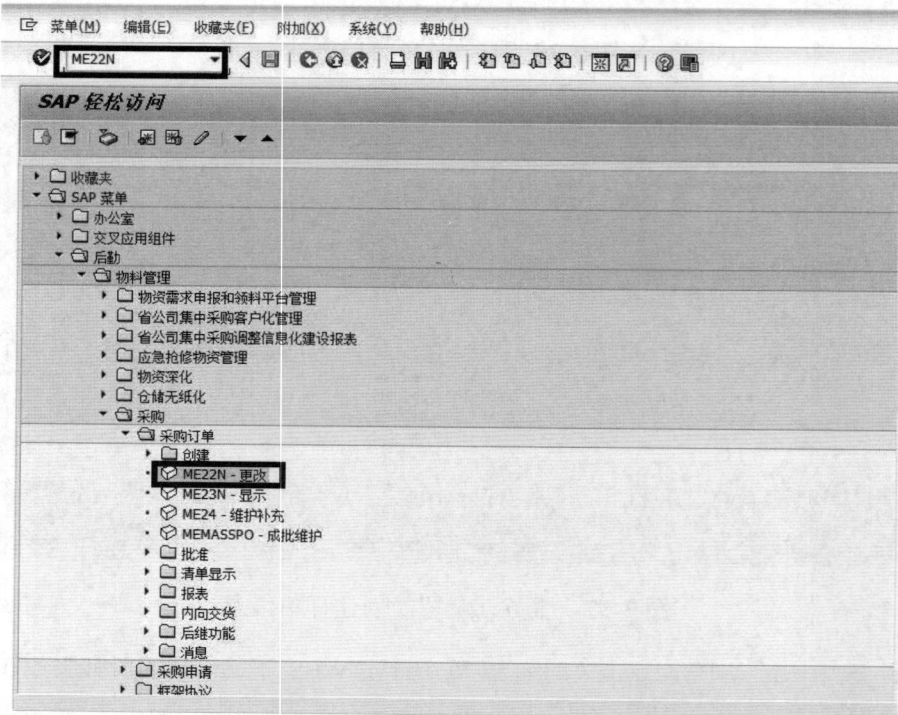

图 3-39　系统操作及栏位解释

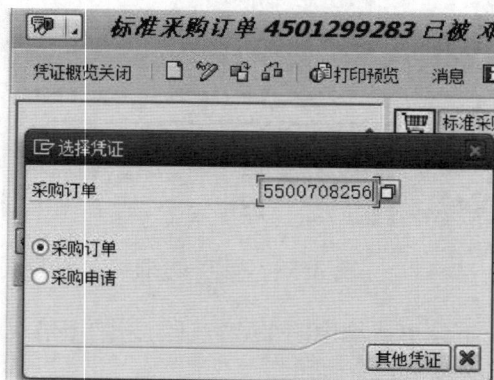

图 3-40　采购订单选择凭证

（2）填写供应商信息（编号/名称）、合同编号、合同名称、税码；点击下方客户数据标签页，选择是否业务外包后检查无误保存。标准采购订单明细如图 3-41 所示。

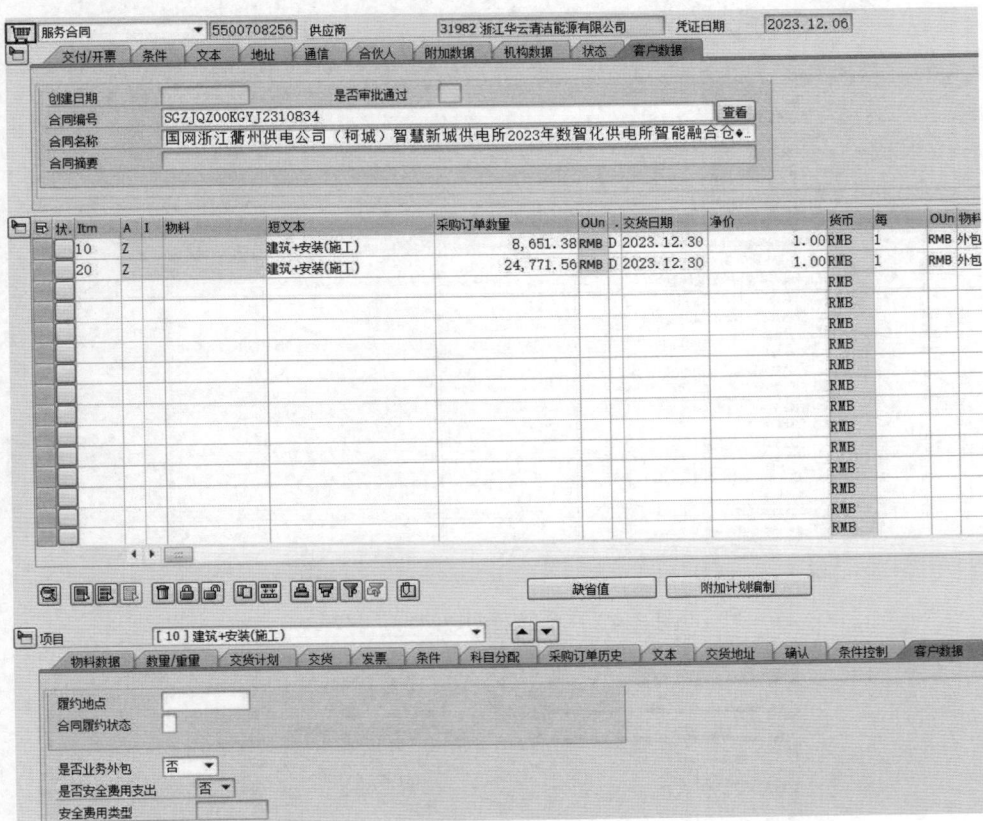

图 3-41　标准采购订单明细

3. ZPS14074 服务订单结算

系统菜单及交易代码如表 3-8 所示。

表 3-8 **系统菜单及交易代码**

ERP 菜单	信息系统→工程服务智能结算模块→订单智能结算模块
事务代码	ZPS14074

业务流程及图示：

（1）点击进入订单智能结算模块，系统操作及栏位解释如图 3-42 所示，选择"服务订单结算"，如图 3-43 所示。

（2）输入采购订单并选择款型性质后点击回车键，填入标"*"的必输信息及相关必要信息，包括本次支付金额（如果合同中有质保金的，本次支付金额必须扣减质保金），附件张数等，完成附件挂接及发票上传后，点击提交按钮。服务订单结算信息如图 3-44 所示。

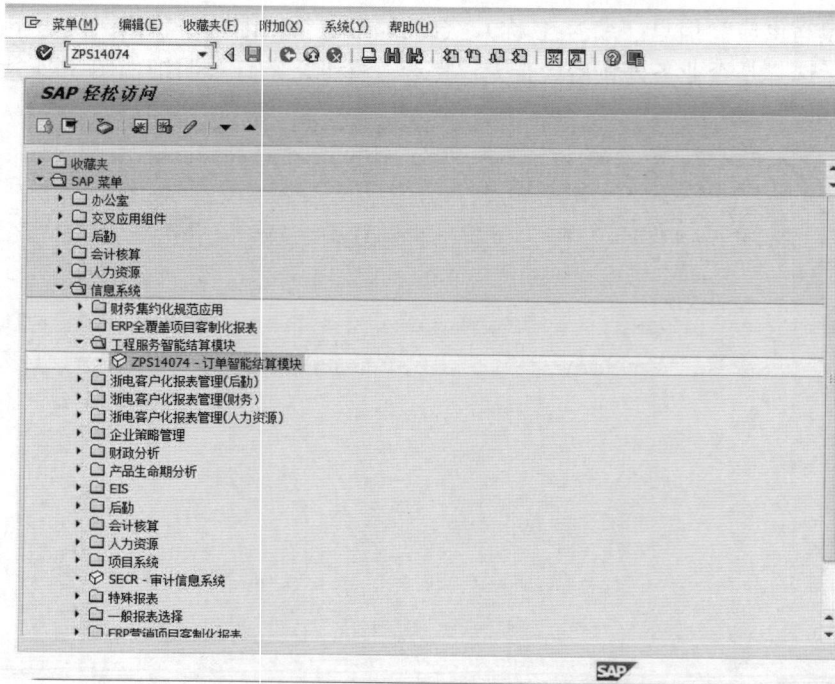

图 3-42　系统操作及栏位解释

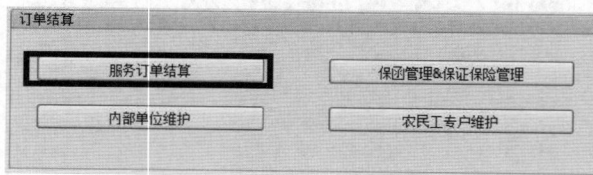

图 3-43　ZPS14074 服务订单结算

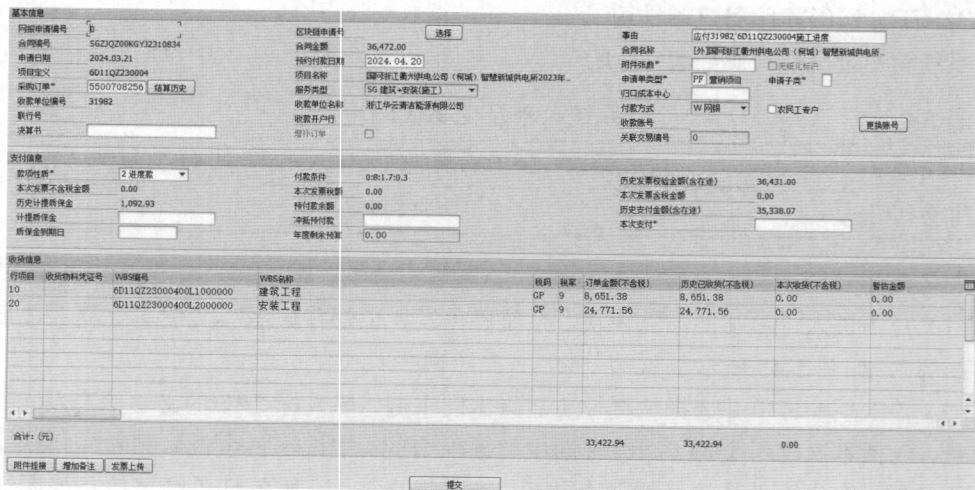

图 3-44　服务订单结算信息

（3）待财务审批通过后，前往电子报账系统发起付款申请流程，具体过程见成本性项目结算中的7.电子报账系统付款申请。

三、质保金付款申请

根据项目实施性质不同，部分合同中双方有约定质量保证金（简称质保金）。根据公司有关规定，在项目验收通过后，支付最后一笔工程款时，项目单位会按照合同约定内容，在付款申请流程中扣除质保金的支付。等质保期结束之后，项目单位向财务部门提交验收意见和质保金返还意见书，申请支付项目质保金，经财务审核通过后，方可办理质保金付款手续。

（一）资本性项目

营销投入资本性项目智能结算ZPS14074服务订单，系统菜单及事务代码如表3-9所示。

表3-9   **系统菜单及交易代码**

ERP菜单	信息系统→工程服务智能结算模块→订单智能结算模块
事务代码	ZPS14074

业务流程及图示：

（1）点击进入订单智能结算模块，在SAP菜单中，根据路径选择"ZPS14074-订单智能结算模块"，系统操作及栏位解释如图3-45所示，点击执行进入对于功能界面，选择"服务订单结算"，订单结算选择如图3-46所示。

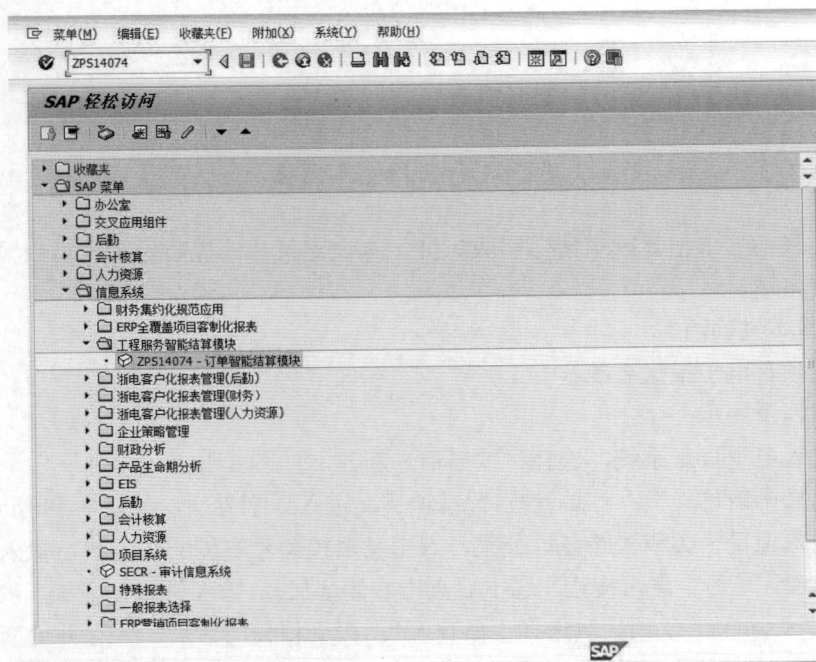

图3-45 系统操作及栏位解释

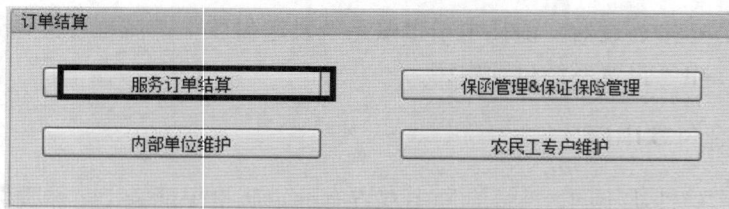

图 3-46　订单结算选择

（2）输入采购订单，选择款型性质：质保金，点击回车键，填入本次支付金额，完成附件挂接，填入附件张数后，点击提交按钮。订单基本信息如图 3-47 所示。

图 3-47　订单基本信息

注意：采购订单结算款申请已完成审批，本次支付≤计提质保金科目余额－未过账质保金付款申请。

（二）成本性项目

成本性项目电子报账系统。

业务流程及图示：

（1）进入电子报账系统，选择付款申请—新建，如图 3-48 所示。

（2）选择申请单类型：订单管理-营销项目，进入详细界面，如图 3-49 所示。

（3）输入项目子类和采购订单分类，点击发票校验号右侧的小方块，输入发票校验申请号（或者订单号，点击搜索，选中后点击右侧增加）；输入付款总金额、供应商编号等标记"*"必填项，款项性质选择"质保金"，提交相关附件后，保存并提交。订单信息（前半）和订单信息（后半）分别如图 3-50 和图 3-51 所示。

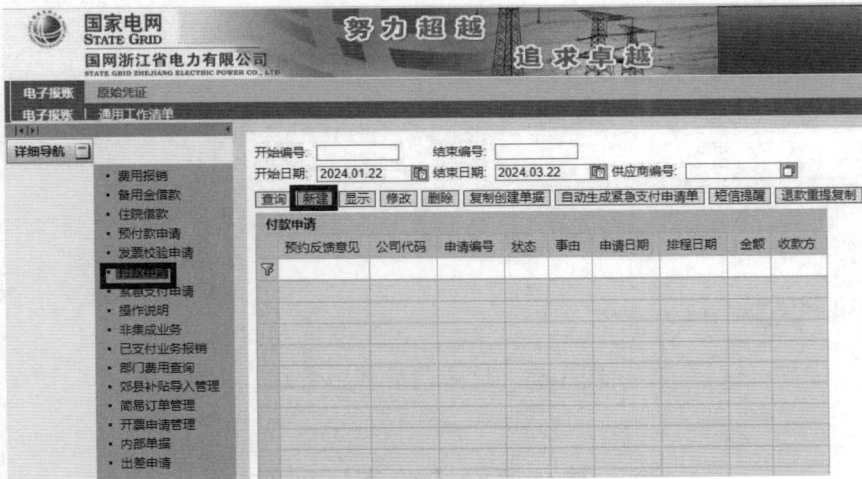

图 3-48　电子报账系统

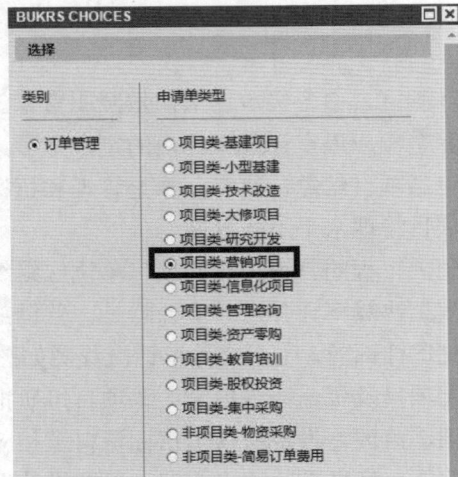

图 3-49　申请单类型选择

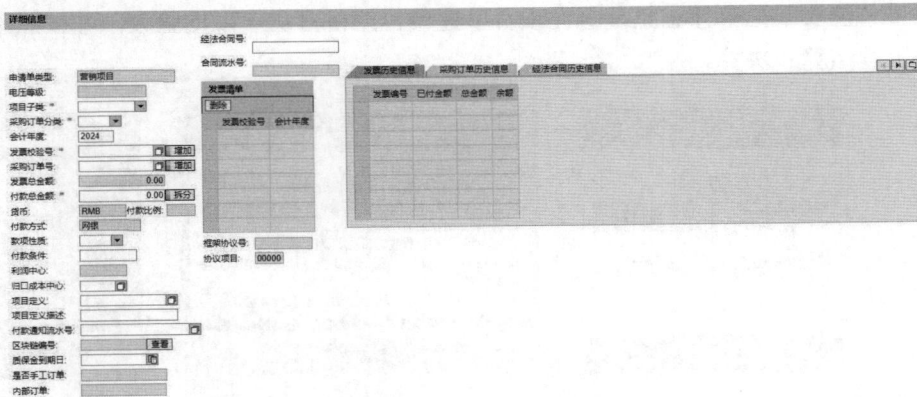

图 3-50　订单信息（前半）

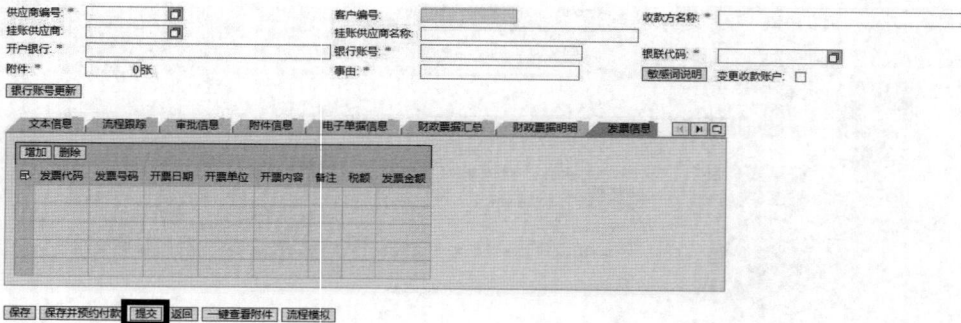

图 3-51　订单信息（后半）

第三节　项目决算审计和转资

一、决算审计

公司营销项目执行审计制度，由各级审计部门按照职责分工组织实施或委托有资质的中介机构实施，项目结算金额应以审计部审计后的定审金额为准，审计费用可列入项目管理费。审计内容重点包括项目结算、决算、资金管理和招标采购情况。通过审计，及时发现问题，促进营销项目管理水平不断提高。

（1）包含建筑安装、施工工程的营销项目，项目单位应组织竣工决算审计。项目单位审计部门组织完成财务竣工决算审计并出具审计意见。营销部门应在各类项目过程资料提交财务决算的同时提交审计部门，工程决算审计流程图如图 3-52 所示。过程管理资料应至少包括以下内容：①项目及资金计划批文；②项目可研报告、初步设计及相应评审文件；③项目设计、施工、监理、设备材料等招标资料及相应合同文本；④项目竣工图或施工图、施工图会审记录，经批准的施工方案，以及设计变更、项目洽商和相关会议纪要；⑤设备、材料现场验收单，竣工验收报告。

项目单位要根据审计意见，督促项目参建单位严格落实、限期整改，并按照审计意见调整工程结算和决算。

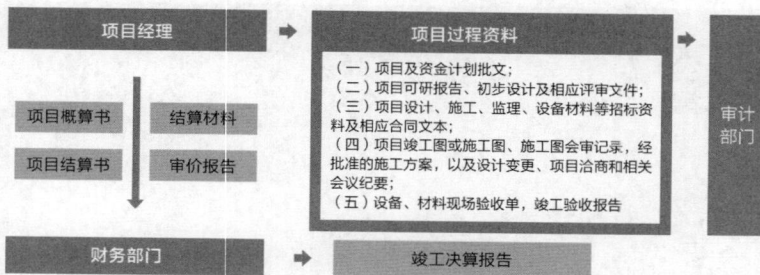

图 3-52　工程决算审计流程图

（2）工程竣工，向财务部提交工程竣工投产通知单后，项目经理配合财务部门做好固定资产统计和台账建档工作。

二、资本性项目转资

项目单位应加快竣工结算、决算进度，于竣工验收后 45 天内完成结算报账和资本性项目固定资产建卡。资本金项目结算完成后，将项目结算情况报财务部门进行财务决算，配合财务部门在 45 天内办理物资转资手续。

第四章 项目检查阶段

第一节 项目档案管理

营销项目档案是项目整体情况的客观反映，是项目检查、评价、审计、运行、维护、改造等工作的重要基础和依据。项目单位营销部门应将项目档案管理纳入建设管理程序、工作计划及合同管理。在签订项目设计、施工及监理等合同、协议时，应设立专门条款，明确有关方面提交项目档案的责任，确保项目档案的真实准确、齐全完整、安全保管和有效利用。

项目单位、项目主办部门应对所负责项目的归档材料的完整性、准确性、系统性负责。各项目负责人应在项目竣工后 3 个月内将项目资料（含电子版）移交本单位档案管理部门归档，并根据档案资料移交相关规定编制移交清册，履行签字手续，交接双方各存一份。

营销项目文件归档应做到"一项一档"，含单项工程的项目应按单项工程分别汇总，集中归档。归档文件应按照不同项目类别，根据国家和公司档案管理及相应项目文件要求进行收集整理。

第二节 项目后评价管理

营销项目检查是对营销项目基础管理、项目计划管理、项目实施情况等进行的全面检查，由各单位自行制订年度项目检查计划并组织实施，项目检查结果施行信息化管理纳入后评价管理范围。

项目后评价是对项目立项、实施过程、成效和目标实现等进行全面、系统、客观的分析和评价，按照《国家电网有限公司电力市场营销项目后评价规范（试行）》后评价指标体系制定后评价报告。营销项目建成投产并运行一定时间后，满足下述一条或以上条件的项目，应由项目单位结合本单位实际组织开展后评价工作。

（1）单个项目投资在 500 万元以上的项目。

（2）计量施工、营销建设、充电设施建设与改造、电能替代、营业厅装修等批量安排的同类项目；或本单位或上级单位指定的；或采用新技术、新工艺、新设备，具有一定的示范性、指导性的；或对社会、环境影响较大的项目或项目群。

（3）各级营销部支撑国家电网有限公司、国网浙江省电力有限公司试点工作任务的项目。营销项目后评价指标权重表如表 4-1 所示。

表 4-1　　　　　　营销项目后评价指标权重表

指标名称	指标内容	营销施工类				营销建设类项目评分权重（%）	营销创新类项目权重（%）	其他类项目评分权重（%）
		计量施工类项目评分权重（%）	充电设施建设与改选类项目权重（%）	市场建设类（含电能替代）项目权重（%）	营商环境类项目权重（%）			
项目前期工作评价	项目决策依据评价	4				4	4	4
	可行性研究报告内容深度	5				5	5	5
	项目评审的合理性评价	5				5	5	5
	项目立项的合规性平价	6				6	6	6
实施管理工作评价	项目实施评价 项目实施准备工作评价	5				5	5	5
	质量管理评价	5				5	5	5
	安全控制评价	10				10	10	10
	项目实施过程评价 项目进度评价	8				10	8	8
	投资管理评价	10				10	10	10
	项目管理评价	12				15	12	12
项目技术水平评价	项目技术水平先进性总结	10				10	10	10
项目效果及效益评价	项目效果评价	15	5	5	15	5	5	5
	项目效益评价	—	10	10	—	10	10	10
项目环境和社会影响	环境影响评价	—	2	2	—	—	—	—
	社会影响评价	5	—	—	5	—	2	5
项目可持续性评价	政府政策因素	—	1	1	—	—	1	—
	管理、组织和参与因素	—	1	1	—	—	1	—
	技术因素	—	1	1	—	—	1	—
合　计		100				100	100	100

第三节 项目风险管理

营销项目风险管理是指通过建立项目数字化风险管理体系，开展风险识别、评估、分析和控制等工作，有效降低风险对经营目标的影响，确保将风险控制在可承受的范围内，保障资产安全，满足项目投资效益、成本和风险综合最优的要求。

各项目单位根据《国家电网有限公司电力市场营销项目全过程风险管控手册》，对识别项目储备、招标采购、合同签订、项目实施、竣工验收及后评价等项目全生命周期阶段活动中可能存在的风险点进行预警并推送相关管理人员及时办理，制定有效措施规避项目风险，确保项目管理风险可控、能控、在控。

附录 A　营销项目资料标准化模板

A.1　开工报告（见表 A.1）

表 A.1　　　　　　　　　开　工　报　告

项目名称				
子项名称				
实施类别	运维类		项目类型	
计划开工时间	×××年××月××日		工程地点	××
计划竣工时间	×××年××月××日		实际开工时间	×××年××月××日

项目内容：

施工单位（部门）：

负责人：

　　　　　　　　　　年　　月　　日

项目（子项）单位：

负责人：

　　　　　　　　　　年　　月　　日

A.2　工程施工方案（见表 A.2）

表 A.2　　　　　　　　　工　程　施　工　方　案

承办单位（章）：

编号：

项目名称	
子项名称	
勘查地点	

1. 施工方案

根据现场勘察记录采用典型设计方案

（1）安装（装拆）集中器　　只、采集器　　只、采集器箱　　个，具体安装位置如下

（2）安装（拆除）电能表　　只，其中：三相表　　只、单相　　只

（3）安装（更换）485 通信线约　　米、自承式通信电缆约　　米

（4）安装（更换）低压电缆　　米、布电线　　米、PVC 管　　米

（5）更换计量箱　　个，明细如下：

1 表位三相计量箱（直通）　　台、1 表位三相计量箱（经 TA）　　台

1 表位单相表箱　　台、4 表位单相表箱　　台、6 表位单相表箱　　台

10 表位单相表箱　　台、12 表位单相表箱　　台、16 表位单相表箱　　台

2．现场安全文明施工

执行公司《安全作业管理规定》

3．危险点分析

（1）作业人员身体、精神状况不佳，误登或误碰带电设备导致事故

（2）作业中，使用不合格工器具，导致事故

（3）接线不正确、接触不良影响表计正确计量和对客户优质服务

（4）表码等重要信息未让客户知情或签字，会产生电量纠纷的风险

4．现场安全措施

（1）进入工作现场，穿工作服、绝缘胶鞋，戴安全帽，使用绝缘工具

（2）召开开工会，交代现场带电部位及应注意的安全事项

（3）工作中，严格执行专业技术规程和作业指导书

（4）停电作业工作前，必须执行停电、验电措施；低压带电工作人员穿绝缘鞋、戴手套，使用绝缘柄完好的工具，螺丝刀、扳手等多余金属裸露部分应用绝缘带包好，以防短路

（5）工作中，必要时对箱内带电部位采取有效的绝缘隔离措施

（6）严格按操作规程进行送电操作，送电后，观察表计是否运转正常

（7）提醒客户在有关工作单处签字，或张贴电能表表码告知单

（8）认真召开收工会，清点工器具，防止遗漏，保持工作现场清洁

方案制定（施工单位）：　　　　　　　　　　　　日期：　　年　　月　　日

方案审批（建设单位）：　　　　　　　　　　　　日期：　　年　　月　　日

A.3 竣工报告（见表 A.3）

表 A.3 竣 工 报 告

项目名称			
子项名称			
实施类别	运维类	项目类型	
工程地点	××	实际开工时间	××××年××月××日
计划竣工时间	××××年××月××日	实际竣工时间	××××年××月××日

项目内容：

施工单位（部门）：　　　　　　　　　　　项目（子项）单位：

负责人：　　　　　　　　　　　　　　　　负责人：

　　　　　　　　年　　月　　日　　　　　　　　　　　年　　月　　日

A.4 工程竣工验收申请表（见表 A.4）

表 A.4 工程竣工验收申请表

项目名称：＿＿＿＿＿＿＿＿＿＿＿＿＿＿＿＿＿＿＿＿＿＿＿＿＿＿＿＿

子项名称：＿＿＿＿＿＿＿＿＿＿＿＿＿＿＿＿＿＿＿＿＿＿＿＿＿＿＿＿

致＿＿＿＿＿＿＿＿＿＿＿＿＿＿＿＿＿＿＿＿＿＿＿＿＿＿＿＿＿：
　我方已按合同要求完成了＿＿＿＿＿＿＿＿＿＿＿＿任务，经自验收合格，请予以竣工验收。

　　　　　　　　　　　　　施工单位（章）：

　　　　　　　　　　　　　负责人：　　　　　　　日期：

工程缺陷整改记录清单

序号	施工地点	缺陷记录	整改措施	自验收结论

备注：

A.5 竣工验收报告（见表 A.5）

表 A.5   竣 工 验 收 报 告

编制日期：   年   月   日

项目名称	
子项名称	
项目概况	

验收发现的问题及处理情况：

项目遗留问题及处理情况：
本项目尚存遗留问题　　项，但不影响投运，请相关单位即日起　　日内完成处理。具体内容如下：

本项目经验收小组验收，施工单位已完成消缺，并经复检；遗留的问题不影响项目投产，并同意相关处理意见。验收合格，准予投产。
本项目于　　年　　月　　日正式竣工，特此报告。

项目（子项）单位意见： （签署意见） 日期： 年 月 日	施工单位意见： （签署意见） 日期： 年 月 日

注：1. 本表单由项目单位填写。
    2. 对于自行实施的项目，施工单位栏由实施班组签字、盖章（如有）。

A.6　工程量确认单（见表 A.6）

表 A.6　　　　　　　　　　工　程　量　确　认　单

项目名称：	
子项名称：	
建设单位：	国网浙江省电力有限公司××供电公司
核定内容：	根据实际情况，核定的工程量及其他事项如下：
核定工程量及其他事项具体内容	（1）新装无线采集器×××只
	（2）拆除无线采集器×××只
	（3）新装单相电能表×××只
	（4）拆除单相电能表×××只
	（5）新装单相一位表箱×××只、单相四位表箱×××只、单相六位表箱×××只
	（6）拆除单相一位表箱×××只、单相二位表箱×××只、单相四位表箱×××只、单相六位表箱×××只
	（7）拆装单相六位表箱×××只（利旧）
	（8）拆装无线采集器×××只（利旧）
	（9）拆装单相智能表×××只（利旧）
施工管理单位（签章）： 日期：　年　月　日	供电所（签章）： 日期：　年　月　日

A.7 退料单（见表 A.7）

表 A.7 国网浙江省电力有限公司××供电公司××供电分公司退料单

项目名称： 　　　　　　　　　　项目编号：

子项名称：

施工地点：

序号	材料名称	规格	单位	数量	备注
1					

施工单位签字（盖章）： 　　　　　　供电所签字（盖章）：

日期： 　　　　　　　　　　　　　　日期：

A.8　废旧物资回收单（见表 A.8）

表 A.8　　　　国网浙江省电力有限公司废旧物资回收单

工程名称		工程性质	
设备班组		施工单位	

| 废旧物资拆除主要工作量 | |

废旧物料编码	物资名称	规格	计量单位	应回收数	施工回收数	仓库回收数
1						
2						
3						
4						
5						
6						
7						

项目单位编制人（签字）：　　　　　　　　联系电话：

资产使用部门（签字及日期）：　　　　　　资产管理部门（签字及日期）：

施工单位经办人员（签字及日期）：　　　　仓库签收人（签字及日期）：

| 备注 | |

注：本单一式四份，施工单位、资产使用部门、资产管理部门、物资部门各 1 份。应回收数量由资产管理部门填写；施工回收数由资产使用部门或施工单位填写；仓库回收数由仓库人员填写。如表格所列行不足使用，请另起一张表填写。

A.9　固定资产报废（损）鉴定、审批表（见表 A.9）

表 A.9　　　　　　　　固定资产报废（损）鉴定、审批表

资产编码	固定资产名称	规格型号	制造厂商	设备铭牌号	计量单位	数量	启用日期	预计使用年限	

资产坐落地点	资产原值	已提折扣	已提减值准备	资产净值		预计收回残值	保险公司或责任人赔偿	本次报废比例	对应SAP设备号

申请报废原因：	技术鉴定意见：
报废后残值处理意见：	资产更新情况：

申请及审批情况

单位领导意见： （公章） 负责人： 　年　　月　　日	财务部门意见： （公章） 负责人： 　年　　月　　日	实物主管部门意见： （公章） 负责人： 　年　　月　　日	使用保管部门意见： （公章） 负责人： 　年　　月　　日

> **注**：资产部分报废的，须在"本次报废比例"栏填写报废百分比；"资产更新情况"栏须写明资产更新的工程项目名称、年份等。本表须一事一表，若报废项目超过一行，可在资产编号栏写"详见附件"四字，同时填写审批表附件。

A.10 结算书

项目工程竣工结算总价

竣工结算价（元）：_____

建设单位：_____

施工单位：（单位盖章）_____

编制人：（签字）_____

审核人：（签字）_____

批准人：（签字）_____

编制时间：_____

A.11 审价报告

工程造价咨询报告书

咨询项目全称: _____

咨询业务类别: _____

咨询报告日期: _____

咨询企业全称及公章: _____

附录 B 营销项目资料归档清单

B.1 计量施工类项目（见表 B.1）

表 B.1   计 量 施 工 类 项 目

序号	里程碑节点名称	文档类型
1	营销项目可研管理	项目可研报告（项目说明书）
2		项目估算书
3		可研评审意见
4		可研批复意见
5	营销项目储备和计划管理	项目下达清册
6	营销项目初步设计管理	项目实施方案（初步设计方案）
7		项目概算书
8		初设评审意见
9		初设批复意见
10	招标管理	采购批次计划
11		中标通知书
12	合同管理	项目合同文本
13		合同流转单
14	工程物资管理	到货验收单（建设改造有，轮换无）
15		领料单
16		废旧物资回收单
17		资产报废（损）鉴定、审批表
18	施工管理	施工方案
19		开工报告（子项）
20	营销项目竣工验收管理	竣工报告（技术服务总结）（子项）
21		工程量确认单（汇总表）（子项）
22		工程量明细表（子项）
23		竣工验收申请表（子项）
24		竣工验收报告（子项）
25	营销项目结算管理	项目结算书（完工报告单）（子项）
26		审价报告

注：2021 年及之后的计量施工类项目，从开工报告到结算书上传至项目子项，其他资料上传至父
   项。建设类和改造类项目需要提供到货验收单，电能表轮换不需提供。

B.2　设备采购类项目（见表 B.2）

表 B.2　　　　　　　　　　设 备 采 购 类 项 目

序号	里程碑节点名称	文档类型
1	营销项目可研管理	项目可研报告（项目说明书）
2		项目估算书
3		可研评审意见
4		可研批复意见
5	营销项目储备和计划管理	项目下达清册
6	营销项目初步设计管理	项目实施方案（初步设计方案）
7		项目概算书
8		初设评审意见
9		初设批复意见
10	招标管理	采购批次计划
11	工程物资管理	到货验收单
12		领料单

B.3　运维类项目—充电站场地租赁（见表 B.3）

表 B.3　　　　　　　　运维类项目—充电站场地租赁

序号	里程碑节点名称	文档类型
1	营销项目可研管理	项目可研报告（项目说明书）
2		项目估算书
3		可研评审意见
4		可研批复意见
5	营销项目储备和计划管理	项目下达清册
6	合同管理	项目合同文本
7		合同流转单

B.4　运维类项目—营销设备设施维修维护、港口岸电充电设施运维（见表表 B.4）

表 B.4　运维类项目—营销设备设施维修维护、港口岸电充电设施运维

序号	里程碑节点	文档类型
1	营销项目可研管理	项目可研报告（项目说明书）
2		项目估算书

序号	里程碑节点	文档类型
3	营销项目可研管理	可研评审意见
4		可研批复意见
5	营销项目储备和计划管理	项目下达清册
6	招标管理	采购批次计划
7		中标通知书（子项）
8	合同管理	项目合同文本（子项）
9		合同流转单（子项）
10	施工管理	开工报告（子项）
11	营销项目竣工验收管理	竣工报告（技术服务总结）（子项）
12		工程量确认单（汇总表）（子项）
13		工程量明细表（子项）
14		竣工验收申请表（子项）
15		竣工验收报告（子项）
16	营销项目结算管理	项目结算书（完工报告单）

B.5 运维类项目—拆回电能表分拣、拆回电能表返厂修理、用电信息采集运维（见表 B.5）

表 B.5 运维类项目—拆回电能表分拣、拆回电能表返厂修理、用电信息采集运维

序号	里程碑节点	文档类型
1	营销项目可研管理	项目可研报告（项目说明书）
2		项目估算书
3		可研评审意见
4		可研批复意见
5	营销项目储备和计划管理	项目下达清册
6	招标管理	采购批次计划
7		中标通知书
8	合同管理	项目合同文本
9		合同流转单
10	施工管理	开工报告（子项）
11	营销项目竣工验收管理	竣工报告（技术服务总结）（子项）
12		竣工验收申请表（子项）
13		竣工验收报告（子项）

注：2022 年、2023 年运维类的营销设备设施维修维护项目从中标通知书到验收报告上传至项目子项，采用运维从开工报告到验收报告上传至项目子项，其他资料上传至父项。

B.6 建筑安装类项目（见表 B.6）

表 B.6 建 筑 安 装 类 项 目

序号	里程碑节点名称	文档类型
1	营销项目可研管理	项目可研报告（项目说明书）
2		项目估算书
3		可研评审意见
4		可研批复意见
5	营销项目储备和计划管理	项目下达清册
6	营销项目初步设计管理	项目实施方案（初步设计方案）
7		项目概算书
8		初设评审意见
9		初设批复意见
10	招标管理	采购批次计划
11		中标通知书
12	合同管理	项目合同文本
13		合同流转单
14	施工管理	施工方案
15		开工报告
16		监理报告
17	营销项目竣工验收管理	阶段性验收报告
18		竣工报告（技术服务总结）
19		工程量确认单（汇总表）
20		工程量明细表
21		竣工验收申请表
22		竣工验收报告
23	营销项目结算管理	项目结算书（完工报告单）
24		审价报告

B.7 非建筑安装施工类项目（见表 B.7）

表 B.7 非建筑安装施工类项目

序号	里程碑节点名称	文档类型
1	营销项目可研管理	项目可研报告（项目说明书）
2		项目估算书

序号	里程碑节点名称	文档类型
3	营销项目可研管理	可研评审意见
4		可研批复意见
5	营销项目储备和计划管理	项目下达清册
6	营销项目初步设计管理	项目实施方案（初步设计方案）
7		项目概算书
8		初设评审意见
9		初设批复意见
10	招标管理	采购批次计划
11		中标通知书
12	合同管理	项目合同文本
13		合同流转单
14	施工管理	开工报告
15	营销项目竣工验收管理	竣工报告（技术服务总结）
16		工程量确认单（汇总表）
17		工程量明细表
18		竣工验收申请表
19		竣工验收报告
20	营销项目结算管理	项目结算书（完工报告单）
21		审价报告

B.8 信息化服务类项目（见表 B.8）

表 B.8　　　　　信 息 化 服 务 类 项 目

序号	里程碑节点	文档类型
1	营销项目需求征集	需求分析报告
2	营销项目可研管理	项目可研报告（项目说明书）
3		项目估算书
4		可研评审意见
5		可研批复意见
6	营销项目储备和计划管理	项目下达清册
7	招标管理	中标通知书
8		项目合同文本
9	合同管理	合同流转单

序号	里程碑节点	文档类型
10	合同管理	开工报告
11	施工管理	竣工报告（技术服务总结）
12	营销项目竣工验收管理	竣工验收申请表
13		竣工验收报告
14	营销项目结算管理	项目结算书（完工报告单）
15		审价报告

B.9 信息化开发类项目（见表 B.9）

表 B.9　　　　　　　　　信 息 化 开 发 类 项 目

序号	里程碑节点	文档类型
1	营销项目需求征集	需求分析报告
2	营销项目可研管理	项目可研报告（项目说明书）
3		项目估算书
4		可研评审意见
5		可研批复意见
6	营销项目储备和计划管理	项目下达清册
7	招标管理	中标通知书
8		项目合同文本
9	合同管理	合同流转单
10	施工管理	开工报告
11		测试报告
12		上线试运行申请单
13		上线试运行总结
14		上线试运行验收申请单
15		上线试运行验收
16	营销项目竣工验收管理	竣工报告（技术服务总结）
17		竣工验收申请表
18	营销项目结算管理	竣工验收报告
19		项目结算书（完工报告单）
20		审价报告

附录 C　零购项目及非项目化材料 ERP 系统操作

C.1　低值易耗品和资产零购项目预留创建

C.1.1　操作简介

创建预留（该项特指需要通过 MM 模块创建的预留包括固定资产类、移库预留等）注意移动类型有很多，请对照选择，常用的移动类型列表见表 C.1。

表 C.1　常用移动类型列表

241	有关资产的发货（超过 2000 元的物资及固定资产）
901	劳保用品
919	低值易耗品（含 2000 元以下的工器具、耗材等）
903	办公家具及空调
905	电脑耗材
911	办公用品

2000～5000 元的重点低值易耗品和超过 5000 元的固定资产，需要由需求部门创建资产卡片，经过财务部门审核后生成资产号。

C.1.2　系统菜单及交易代码（见表 C.2）

表 C.2　系统菜单及交易代码

ERP 菜单	供应商折扣协议 →环境 →值分配 →库存管理 →预定 →创建
事务代码	MB21

C.1.3　系统操作及栏位解释

业务流程及图示：

（1）输入代码 MB21 进入以下界面，输入工厂如 SBQZ，移动类型选 241。固定资产需求申请界面如图 C.1 所示。

（2）点击回车键，进入输入物资代码界面，如图 C.2 所示。

（3）由于资产号必须一一对应，故每次只能输入一项物资如图 C.3 所示，输入国家电网代码及数量，并输入资产号和收货方，输完后点击回车键；再次点击回车键，进入创建新项目界面，如图 C.3 所示。

图 C.1　固定资产需求申请界面

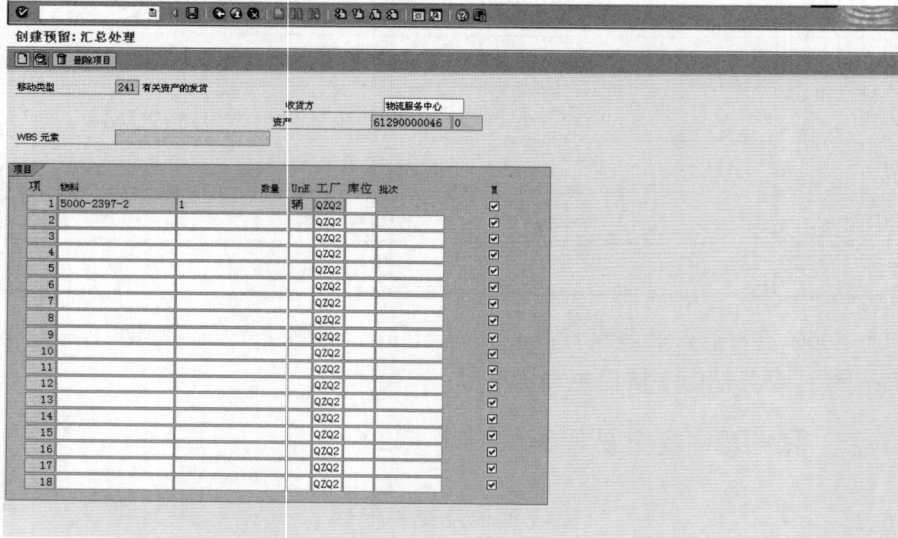

图 C.2　输入物资代码界面

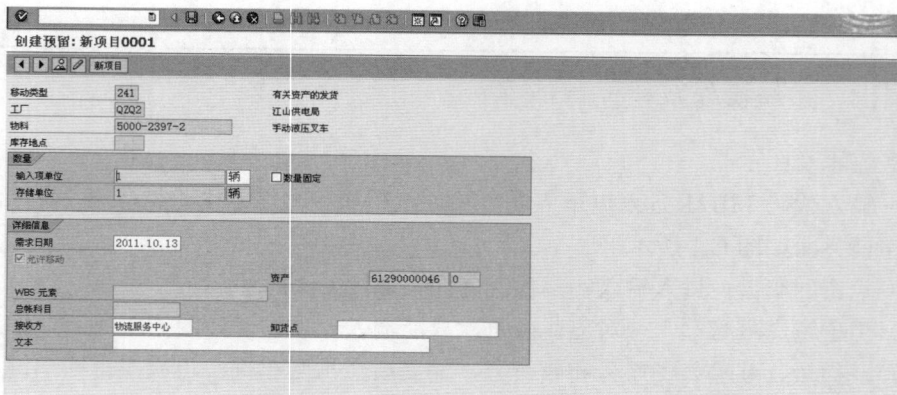

图 C.3　创建新项目界面

（4）直接点击回车键，进入保存新项目界面，如图 C.4 所示。点击"记账"，进行保存。

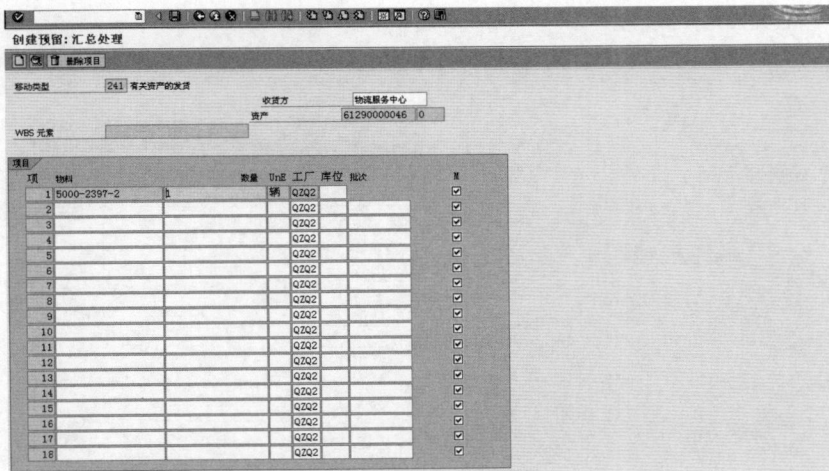

图 C.4　保存新项目界面

C.2　资产卡片建立

资产零购项目资产号由事务代码 IE01、ZFI00067 生成，注意功能位置在"结构"页签中。

C.2.1　项目类资产号生成

业务流程及图示：

（1）SAP-PM 中新建设备台账信息事务代码：IE01。设备主数据管理人员界面如图 C.5 所示。

图 C.5　设备主数据管理人员界面

（2）输入设备有效起始日期、选择设备种类。输入设备资料界面如图 C.6 所示。

图 C.6　输入设备资料界面

（3）在设备台账新建主界面如图 C.7 所示中，一般数据页签，输入设备描述、投运日期、制造商、设备型号、设备铭牌号、构建年月等信息。

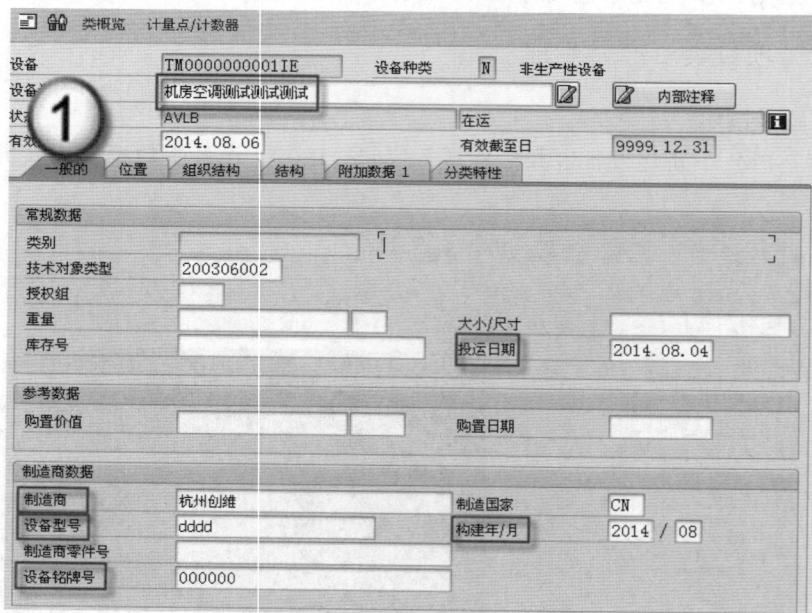

图 C.7　设备台账新建主界面

（4）在位置页签如图 C.8 所示，输入设备的维护工厂、设备变动方式、工厂区域、工作中心、资产属性等信息。

（5）在组织机构页签如图 C.9 所示，输入 WBS、计划工厂、计划员组等信息。

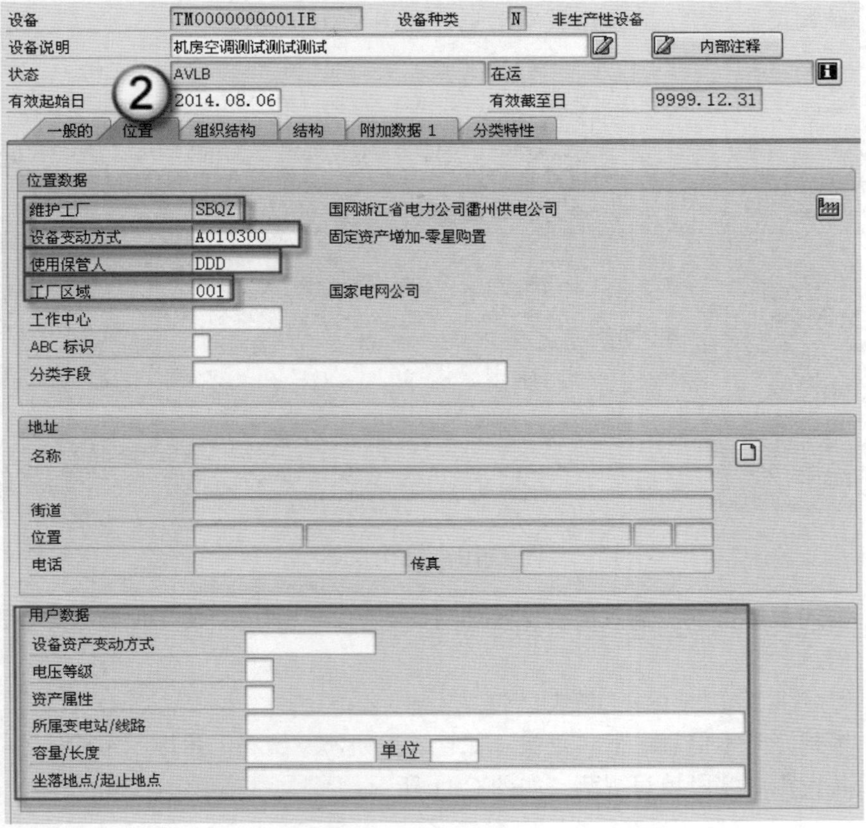

图 C.8　位置页签

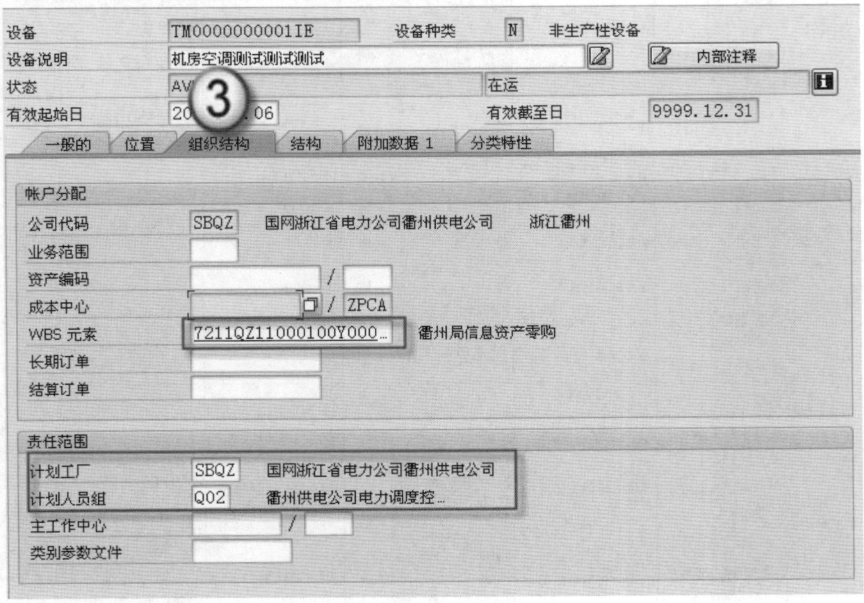

图 C.9　组织机构页签

（6）结构页签，输入功能位置等信息，如图 C.10 所示。

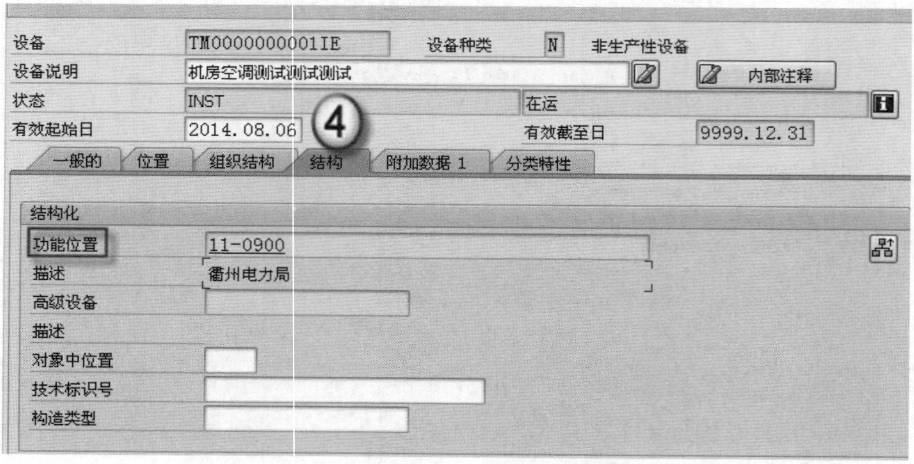

图 C.10 结构页签

（7）附加数据页签，输入使用保管部门、实物管理部门、使用保管人、存放座落地点等其他信息。

注：附加数据页签中字段均为国家电网要求添加字段。

（8）维护好基本信息之后，点击“保存”按钮，系统右下角提示生成的设备编码。附件：设备台账中字段填写规范，如图 C.11 所示。

设备主数据屏幕名称	字段名称	字段	说明	联动更新资产字段	是否必填	范例	规范要求（填制要求）
一般的	设备编码	EQUNR	为新建设备指定编码		必填	30000017900379	系统自动给出
	设备种类	EQTYP			必填	Y	可供选择的设备种类有：N 非生产性设备、T IT类设备、X 生产性非PMS设备、Y 生产性PMS设备、L 低值易耗（其中地址易耗品和生产性PMS设备不允许手工创建）
	设备说明	SHTXT	设备名称的简要描述，名字不要包含设备型号、厂家等内容	资产名称	必填	220kV潮乡变二次安全防护系统	设备名称的简要描述，名字不要包含设备型号、厂家等内容
	投运日期	INBDT	开始日期，设备投入使用日期		必填	2017.06.02	
	制造商	HERST	制造厂商或施工单位名称	制造厂商	必填	南瑞信息	
	制造商国家	HERLD	制造国家代码	原产地国家	必填	CN	
	设备型号	TYPBZ	设备的具体型号	序列号（仅新建时带入资产卡片，更新设备不联动）	必填	HX-2000	
	设备铭牌号	SERGE	系列号，设备出厂编号		必填	35689-528	
	构建年	BAUJJ	设备制造（出厂、竣工）年份		必填	2006	
	构建月	BAUMM	设备制造（出厂、竣工）月份		必填	03	
位置	维护工厂	SWERK	维护设备所在地域，也是权限控制单位	公司代码	必填	SBQZ	
	设备变动方式	STORT	反应设备最新的变动方式	资产变动方式（可从资产反向更新设备）	必填	A010100（固定资产增加-基本建设）	设备变动方式：AC10300 固定资产增加-零星购置 A010400 固定资产增加-投资者投入
	工厂区域	BEBER	资产性质，标识设备的资产所属单位级别		必填	003（省公司）	资产属性：001 国家电网公司、002 区域电网公司、003 省公司、004 县公司、005 用户、006 股份制

图 C.11 设备台账中字段填写规范（一）

设备主数据屏幕名称	字段名称	字段	说明	联动更新资产字段	是否必填	范例	规范要求（填制要求）
组织结构	公司代码	BUKRS		公司代码	必填	SBJX	
	资产编码	ANLNR			必填		
	WBS元素	PROID	设备对应的项目来源	WBS元素	必填	2111JX120002/3	
	计划工厂	IWERK	对维护工厂的设备检修，维护工作计划的执行、管理、规划		必填	SBQZ	
	主工作中心	GEWRK	维修所属部门		必填	YWGQ（变电运维工区）	
结	高级设备	HEQUI	上层设备		必填		
附加数据1	使用保管部门	ZSB001	指设备（资产）的具体使用、运行、维护、保管单位（部门），主要承担固定资产的使用保管管理职能	使用保管单位	必填	JXA000（生产）	填写资产使用保管部门对应的成本中心编码
	实物管理部门	ZSB002	指固定资产的实物归口管理部门	实物管理部门	必填	JXZ000（变电运维工区综合组）	填列实物管理部门对应的成本中心编码
	使用保管人	ZSB010	设备的使用保管者	使用保管人	必填	生产	使用保管人姓名，可填写多个使用保管人
	电压等级	ZSB004		电压等级	必填	40	输电线路、变电设备、配电线路及设备按照实际情况填写设备的电压等级，若设备没有电压等级则填写"40 其他"
	设备增加方式	ZSB005		资产增加方式	必填	002（设备增加-技术改造）	
	设备存放（坐落）地点	ZSB006	设备具体坐落地理位置	资产存放（坐落）地点	必填	嘉兴海宁至嘉兴宁宁	(1)坐落地点："地区+县（市）名称"，原则4个汉字，如："宁波北仑"(2)起止地点："地区+县（市）名称至地区+县（市）名称"，原则9个汉字，如"宁波北仑至宁波宁海"(3)低压资产：XX（市局）XX（分/县局）XXX供电所。

图 C.11　设备台账中字段填写规范（二）

（9）SAP-PM 中设备台账联动生成资产卡片，如图 C.12 所示。

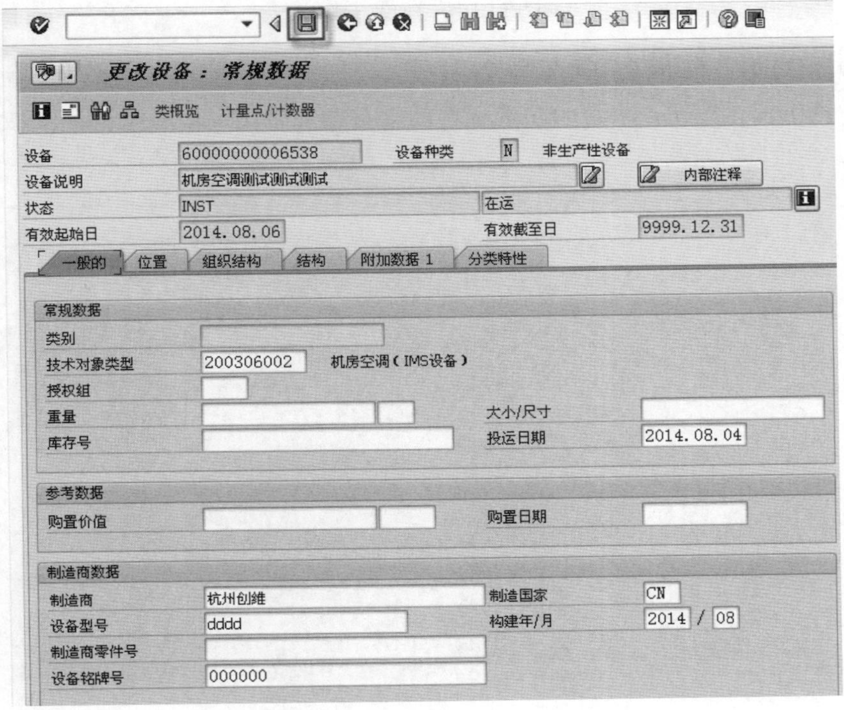

图 C.12　设备台账联动生成资产卡片

（10）本工作流体现了实物管理部门经办人向财务部门经办人提交需创建资产卡片的设备，财务部门经办人对工作流进行审批，并自动创建固定资产卡片的功能。工作流填写界面如图 C.13 所示。

步骤	岗位	事务代码	工作事项
1	设备管理部门经办	ZFI00067	创建并提交设备资产联动单据
2	财务部经办	SBWP	单据盲批，并创建生成资产卡片

图 C.13　工作流填写界面

（11）实物部门管理人员先通过事务码 IE01 建设备台账，然后通过事务代码 ZFI00067 进入工作流填写界面，选择新建，新建工作流如图 C.14 所示。

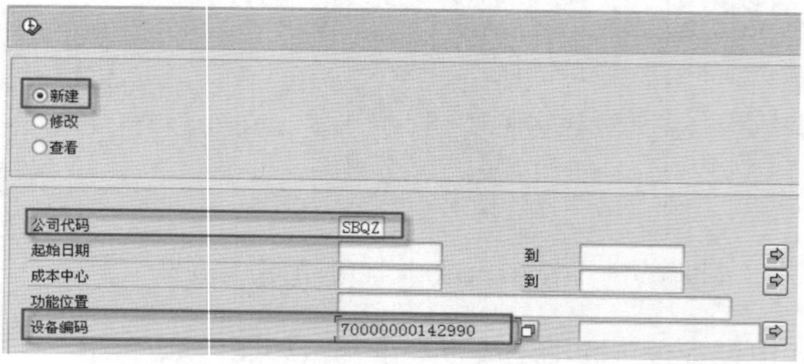

图 C.14　新建工作流

（12）填写主设备卡片所属公司代码、起始日期、利润中心、成本中心、设备编码信息后，点击执行按钮，将符合筛选条件的设备全部带出。填写主设备信息如图 C.15 所示。

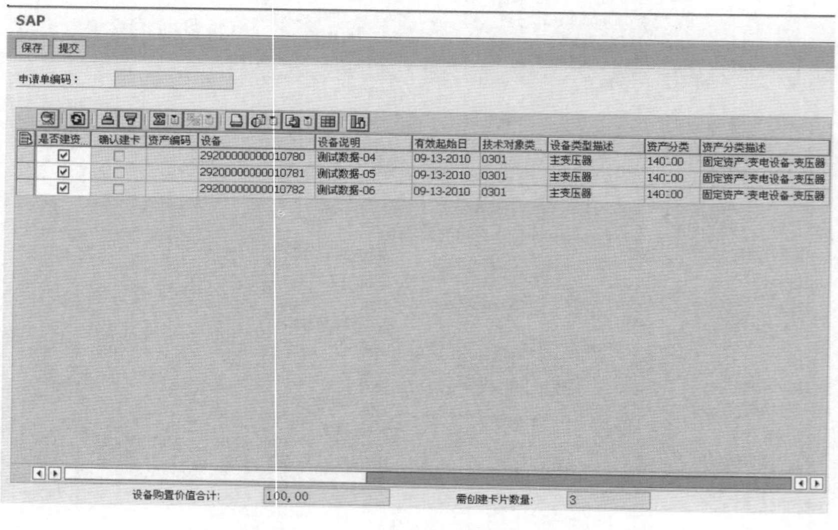

图 C.15　填写主设备信息

（13）系统默认将筛选出的主设备数据全部勾选创建资产卡片，若有不需创建资产卡片的主设备数据，只需将其对应的是否建资产卡片勾选框留为空即可；确认无误后，点击"提交"按钮，将直接触发工作流至下一流程。提交工作流程如图 C.16 所示。

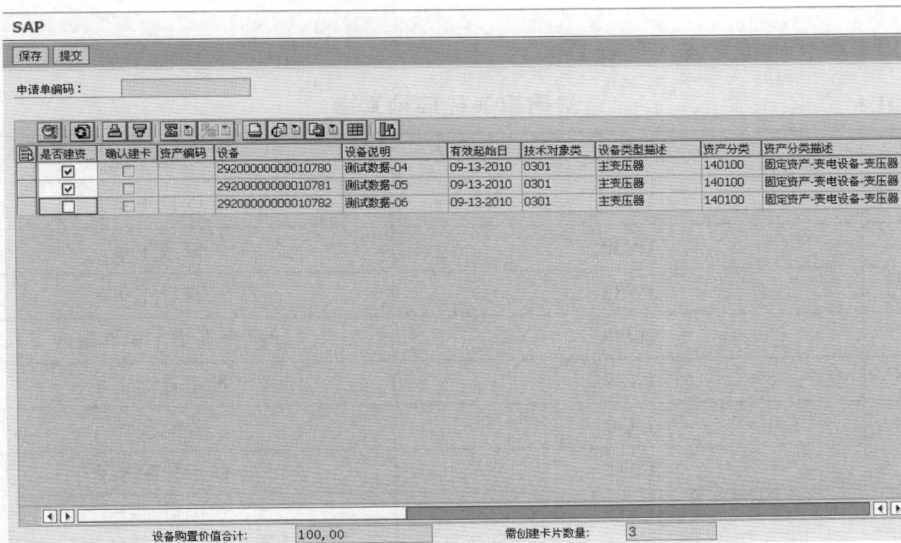

图 C.16 提交工作流程

（14）点击"保存"按钮，可对数据进行保存，待需提交时，通过运行事务代码 ZFI00067，选择"修改"，输入申请单编码并点击回车键，确认无误后，点击"提交"按钮，即可完成工作流的触发。修改申请单编号如图 C.17 所示，输入申请单编号如图 C.18 所示。

图 C.17 修改申请单编号

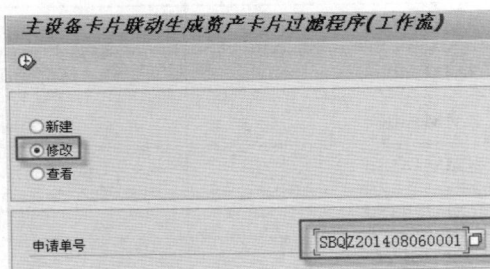

图 C.18 输入申请单编号

附录 D　常用事务代码检索表

常用事务代码检索表（见表 D.1）。

表 D.1　　　　　　　　　常用事务代码检索表

序号	事务代码	功能描述
1	IW31	创建工单
2	IW32	修改工单
3	IW33	查看工单
4	IW38	批量查询工单并修改
5	IW39	批量查询工单
6	CJ30	分配预算
7	CJ31	显示分配预算
8	CJ32	预算下达
9	CJ33	显示预算下达
10	CJ20N	项目构造器
11	ME21N	创建采购订单
12	ME22N	修改采购订单
13	ME23N	查看采购订单
14	ML81N	采购订单货物接收
15	ZPS_200	工程概算导入导出
16	ZFI1402063	工程投资预算管理
17	ZMM14205	储备库项目信息维护
18	ME51N	创建采购申请
19	ME52N	修改采购申请
20	ME53N	查看采购申请
21	ZMM11028	批量维护技术规范书
22	ZMM14063	县公司服务采购申请上报
23	ZMM14064	市公司服务采购申请上报
24	ZMM14534	根据中标结果创建框架协议
25	ZMM14350	仓储作业无纸化办公
26	ZPS14074	智能结算
27	MB21	创建预留号

序号	事务代码	功能描述
28	IE01	创建设备
29	IE02	修改设备
30	IE03	查看设备
31	IE05	批量修改设备
32	IH08	批量查询设备
33	IH01	查询功能位置
34	ZPM140007	批量创建设备
35	ZFI00067	设备卡片联动生成资产号

附录 E 计量工程结算管理操作手册

E.1 基础数据二

功能描述 仅用于展示各单位计量设备的装拆明细,包括电能表、采集器、计量箱的数据,以及设备关联的户号、工作流程号、装拆时间等。

路径说明 左侧菜单栏的"营销项目全过程管理"—"项目结算管理"—"基础数据二",进入基础数据界面。

E.1.1 查询数据

功能描述 筛选、查询基础装拆数据。

操作说明 通过户号/地址、工单号、设备码/设备码描述/物料名称、物料条码/资产编号、设备类别、接线方式、流程类别、供电所/服务站、装拆类别、用户分类、开始日期和结束日期,点击"查询"按钮,查询基础数据,如图 E.1 所示。

图 E.1 查询基础数据

E.1.2 报表导出

可通过点击图 E.1 左上方的页签,切换显示不同设备类别的基础数据,将之前根据筛选条件查询出的基础数据导出。

E.2 工程结算

功能描述 用于创建单元工程,选取结算数据,组合成单项工程,生成工程结算书。

路径说明 左侧菜单栏的"营销项目全过程管理"—"项目结算管理"菜单,点击菜单下的"工程结算",进入工程结算界面。

E.2.1　单项工程

1．新增单项工程

（功能描述）　创建单项工程。

（操作说明）　打开项目工程管理—项目管理界面，选中父项一行，点击"新增子项"按钮，打开单项工程的新增界面，如图 E.2 所示。

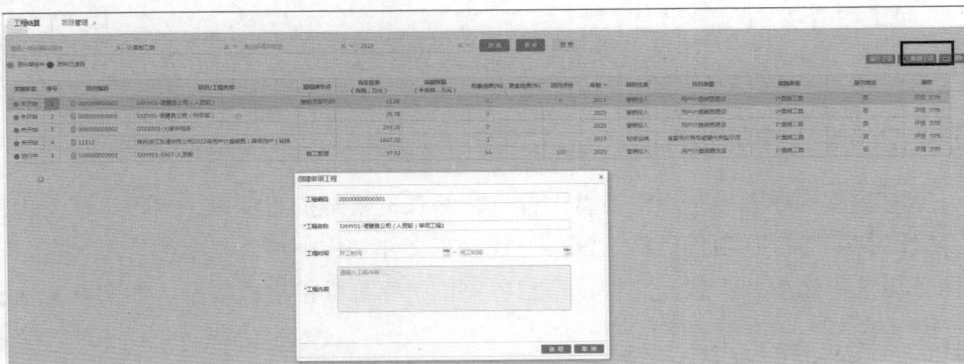

图 E.2　新增单项工程

按照要求补充工程信息，其中带"*"为必填项，工程编码为系统默认生成，子项编码比父项编码多两位，可编辑；工程名称根据下达项目由系统自动生成，可编辑。工作时间为创建的单项工程的开工时间与完工时间，工作内容按项目实际情况填写。

2．编辑单项工程

（功能描述）　编辑单项工程编码、名称、工程时间和工程内容。

（操作说明）　点击单项工程的"编辑"按钮，编辑单项工程，如图 E.3 所示。

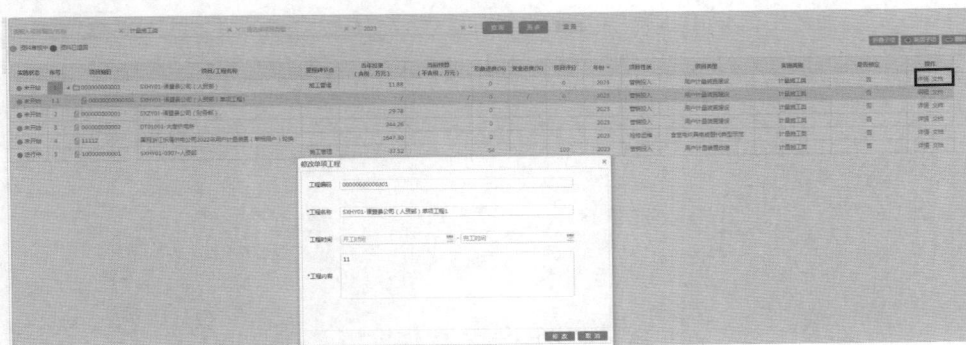

图 E.3　编辑单项工程

3．删除单项工程

（功能描述）　删除单项工程。

（操作说明）　打开项目管理界面，选中单项工程，点击"删除"按钮，提示：是否确认删除，点击"确定"删除单元工程，如图 E.4 所示。

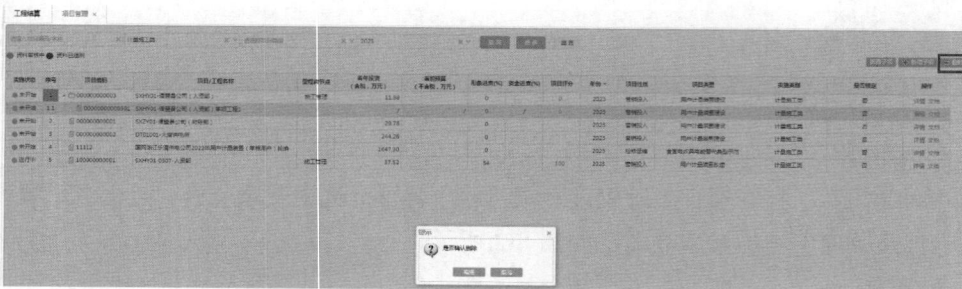

图 E.4　删除单项工程

E.2.2　导入中标价

（功能描述）　导入当年甲供设备中标价，结合设备装拆工程量，用以计算工程款。

（操作说明）　打开项目资料—资料下载，在文件名称中输入"中标价"，点击查询，查到两条记录，选中并下载此文件，根据各单位中标价维护模板数据，如图 E.5 所示。

图 E.5　计量中标价模板

点击主界面的"导入中标价"按钮，从本地选择中标价（需根据各单位中标价维护模板数据）导入，填写中标单位名称，支持多个中标单位导入。导入中标价如图 E.6 所示。

图 E.6　导入中标价

E.2.3　新增单元工程

（功能描述）　用于创建单元工程，选取基础数据。

（操作说明）　点击父项的"新增"按钮，选择中标单位和数据版本，创建单元工程，默认编码比父项编码多三位。新增单元工程如图 E.7 所示。

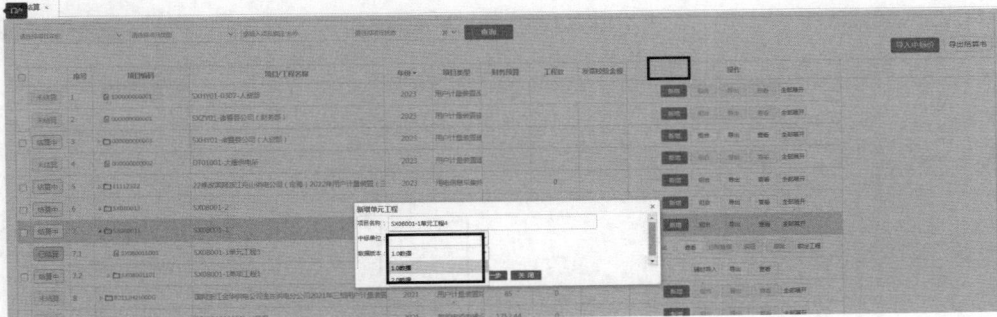

图 E.7 新增单元工程

E.2.4 选取基础数据

（功能描述） 单元工程选取基础数据，统计甲供设备装拆工程量。

（操作说明） 新增单元工程时，点击"选取数据"按钮，打开选取数据界面，如图 E.8 所示。

图 E.8 选取数据界面

点击左侧供电所/台区的名称（注：每个供电所默认只显示 50 个台区，可通过查询框查询其他台区），在结合右边的查询条件，筛选需要进行结算的工程数据。再点击左右箭头完成对数据的添加/剔除，如图 E.9 所示。

如图红框的按钮所示，从上到下分别是：

（1）全部剔除：将符合筛选条件（包括未勾选）的工程数据从"已选数据"列表中全部剔除。

（2）剔除：将符合筛选条件（不包括未勾选）的工程数据从"已选数据"列表中剔除。

（3）添加：将当前"待选列表"中符合筛选条件（不包括未勾选）的工程数据添加至"已选数据"列表。

（4）全部添加：将当前"待选列表"中符合筛选条件（包括未勾选）的工程数据全部添加至"已选数据"列表。

117

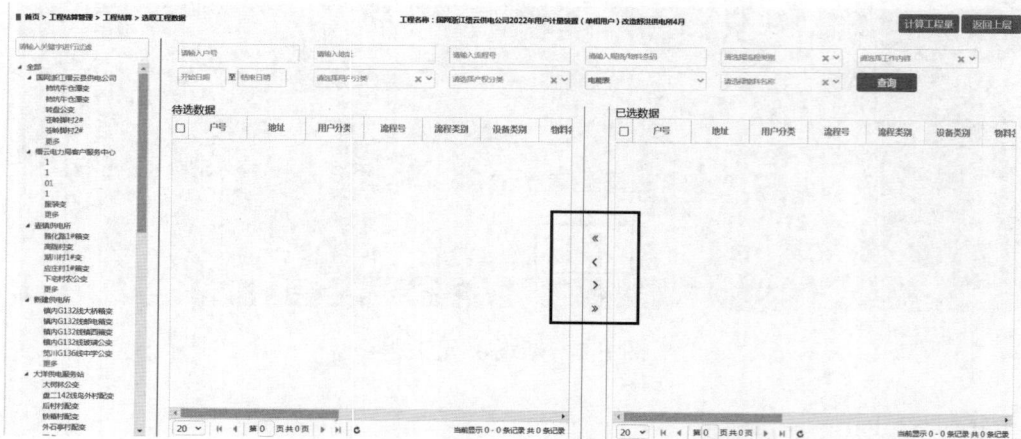

图 E.9 选择工程数据

数据为即选即存，不要点击"保存"按钮。

E.2.5 计算工程量

功能描述 计算选取的工程量，每次选取都需手动点击"计算工程量"按钮。

操作说明 单元工程选取好数据后，点击"计算工程量"按钮，如图 E.10 所示。

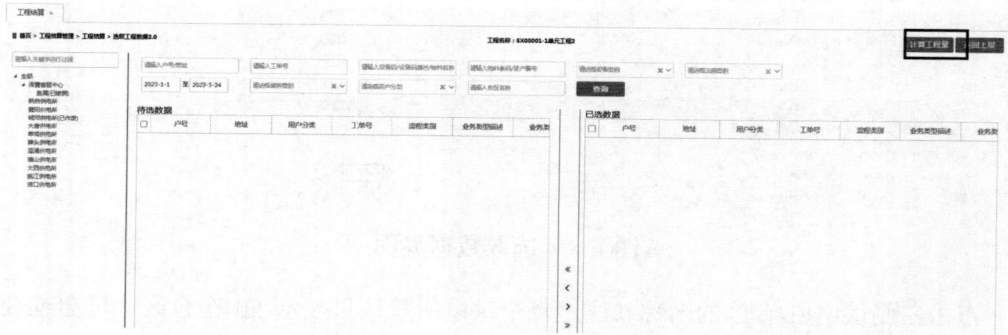

图 E.10 计算工程量

E.2.6 编辑单元工程

功能描述 编辑单元工程项目名称和中标单位。

操作说明 点击单元工程的"编辑"按钮，编辑单元工程，如图 E.11 所示。

图 E.11 编辑单元工程

E.2.7 删除单元工程

功能描述 删除单元工程，只能删除项目状态是未结算、结算中且未锁定的单元工程。

操作说明 点击单元工程的"删除"按钮，删除单元工程，如图 E.12 所示。

图 E.12 删除单元工程

E.2.8 组合工程

功能描述 创建单项工程，选择单元工程，从而拆分下达项目结算。

操作说明 点击下达项目的"组合"按钮，打开拆分下达项目界面，组合工程如图 E.13 所示。

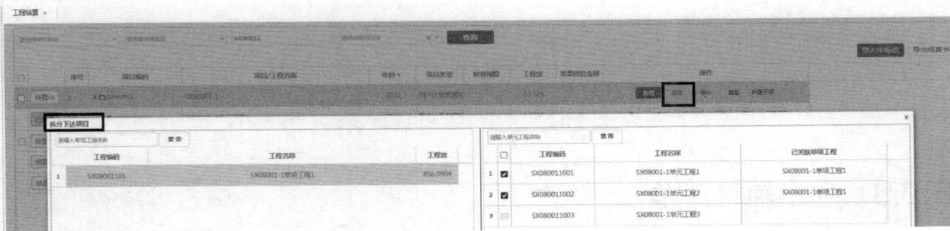

图 E.13 组合工程

1. 组合

功能描述 单项工程选择单元工程，建立工程的从属关系。

操作说明 左边选中单项工程，右边勾选关联的单元工程（单元工程已选取数据），选择单元工程如图 E.14 所示。

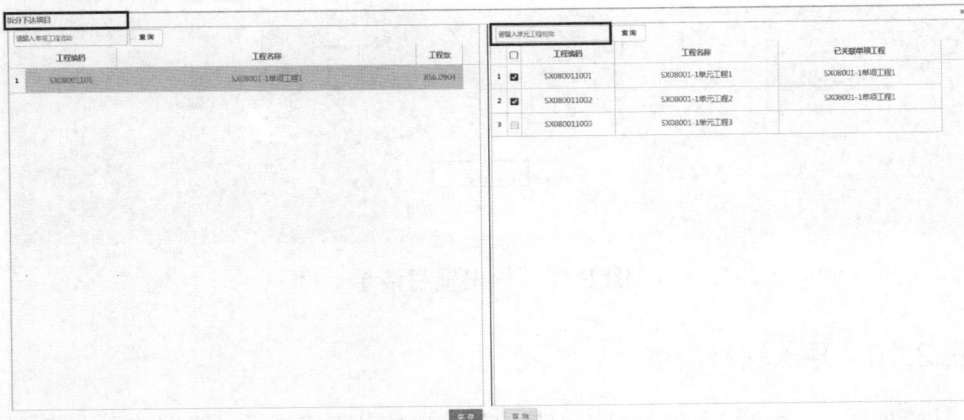

图 E.14 选择单元工程

勾选单元工程后，点击"保存"按钮，建立单项工程与单元工程之间的从属关系。

2. 取消组合

功能描述 取消单项工程与单元工程的从属关系。

操作说明 点击"组合"功能键，右边取消勾选关联的单元工程，然后点击"保存"按钮，如图 E.15 所示。

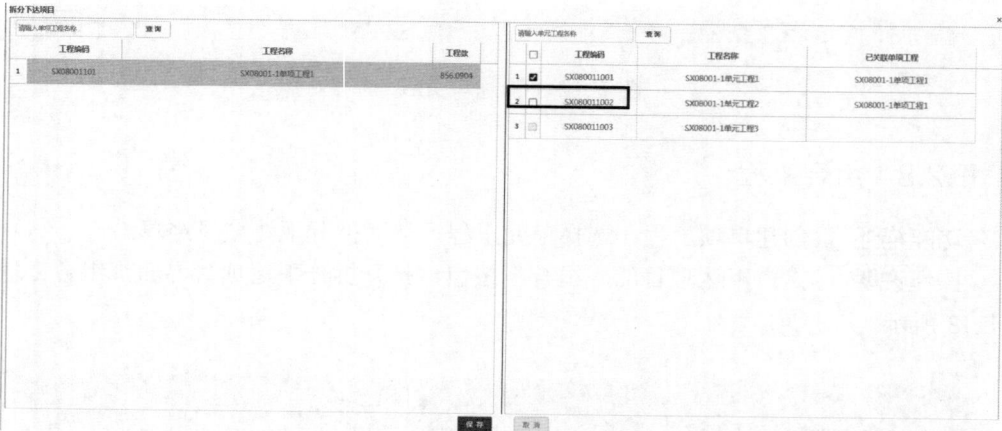

图 E.15 取消关联关系

E.2.9 导出辅材清单

功能描述 导出选取的甲供设备对应的清单，交付施工单位填写。

操作说明 点击单项工程或单元工程的"导出"按钮，单项工程导出是该单项下所有工程的工程量，单元工程导出只取本单元工程的工程量，选择"材料工程量清单"导出。导出辅材清单如图 E.16 所示。

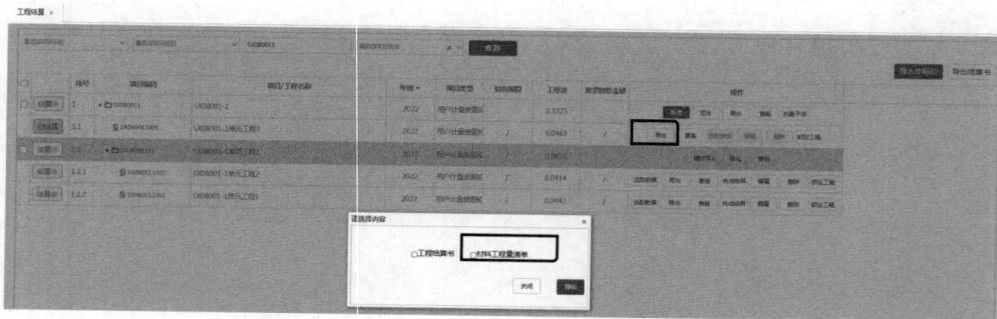

图 E.16 导出辅材清单

E.2.10 导入辅材清单

功能描述 甲供设备的材料工程量由施工单位补充完毕后，再回传至系统，统计工程量。

操作说明 　点击单项工程的"辅材导入"按钮，从本地选择"材料工程量清单"导入。导入辅材清单如图 E.17 所示。

图 E.17　导入辅材清单

E.2.11　查看结算明细

功能描述 　查看该工程的结算工程量明细，包括设备中标价、甲供材料装拆工程量和配套辅材工程量。

操作说明 　点击下达项目或者单项工程或者单元工程的"查看"按钮，查看汇总的工程量，同时提供结算书导出功能，如有多个中标单位，需手动下拉中标单位切换查看。工程结算明细表如图 E.18 所示。

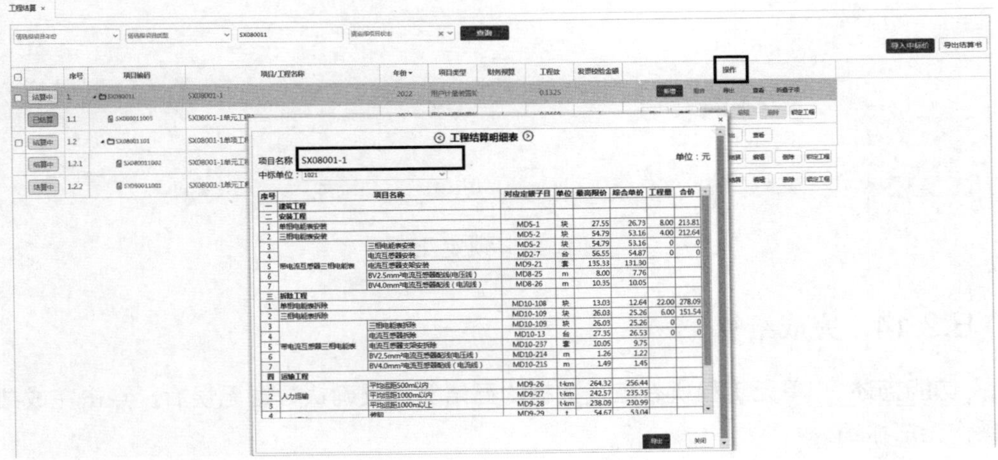

图 E.18　工程结算明细表

E.2.12　导出结算书

功能描述 　导出工程结算书。

操作说明

（1）勾选项目，再点击主界面的"导出结算书"按钮，支持多个项目批量导出，为压缩包格式。

（2）点击下达项目、单项工程、单元工程的"导出"按钮，或者其中单项工程和单元工程的导出功能，是包含结算书和辅材清单两个部分，勾选结算书前面的选项框，再点击导出,将结算书导出至本地,此时是单个导出。导出结算书如图 E.19 所示。

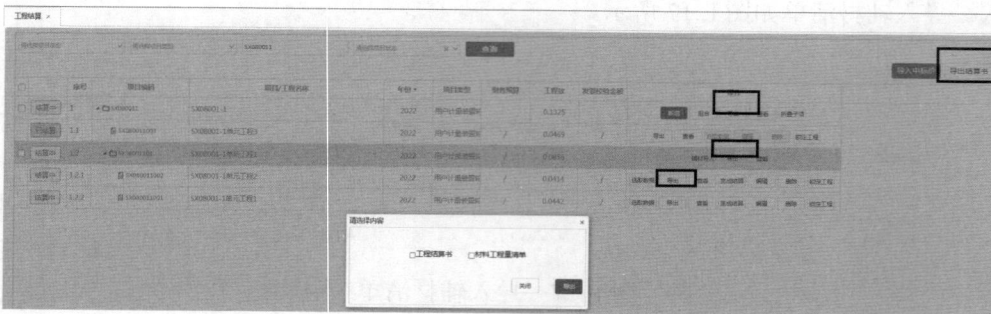

图 E.19　导出结算书

E.2.13　锁定单元工程

(功能描述)　将单元工程进行锁定后,无法编辑更换中标单位和数据版本、不能选取、剔除数据、不能完成结算改变项目状态,只能查看数据和导出数据。

(操作说明)　点击单项工程的"锁定"按钮,单元工程数据无法修改。锁定工程如图 E.20 所示。

图 E.20　锁定工程

E.2.14　完成结算

(功能描述)　单元工程所有工程数据均已结算,且确认数据无误后,点击完成结算后操作无法撤销。

(操作说明)　点击单元工程的"完成结算"按钮,如图 E.21 所示。

图 E.21　完成结算

E.2.15　展开子项/折叠子项

(功能描述)　工程结算一般按季度结算,一个下达项目会有多个单元工程,为方便展示数据和选取功能,可以将数据全部展开或者折叠。

操作说明　点击下达项目的"全部展开"按钮和"折叠子项"按钮,如图 E.22 和 E.23 所示。

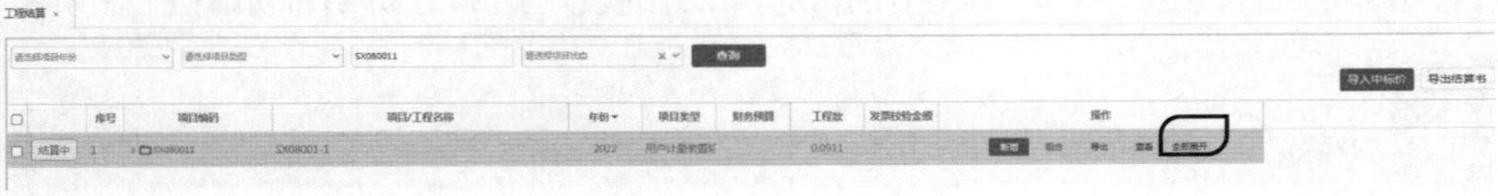

图 E.22　全部展开

图 E.23　折叠子项

E.3　结算分析

功能描述　用于查看项目状态是结算中的项目信息。

路径说明　左侧菜单栏的"营销项目全过程管理"—"项目结算管理"菜单,点击菜单下的"结算分析",进入结算分析界面。

E.3.1　查询数据

功能描述　筛选、查询计量项目已结算信息。

操作说明　通过项目编码、项目名称、项目单位、项目类型和项目年份,点击"搜索"按钮,查询项目信息,如项目编码、项目名称、项目年份、项目单位、专业类型、项目性质、项目类型、当年投资(含税)、当前预算(不含税)、估算金额(万元)、概算金额(万元)、结算金额(万元)、概算较估算核减(%)、结算较概算核减(%)、结算工程款合计(万元)、入账工程款合计(万元)、工程款差异率(%)。查询项目信息如图 E.24 所示。

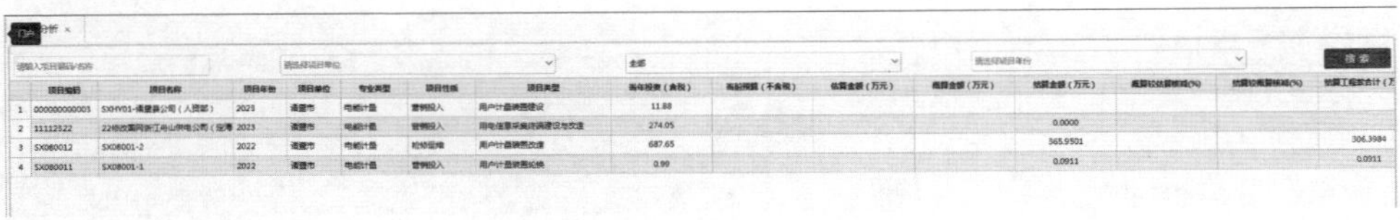

图 E.24　查询项目信息

E.3.2　报表导出

功能描述　查看结算中项目结算工程款合计详情中的结算明细和设备明细,并支

123

持导出。

操作说明 通过点击某个已完成结算项目的结算工程款合计，进入结算分析明细中查看结算明细和设备明细，并导出结算分析明细表。结算分析明细如图 E.25 所示。

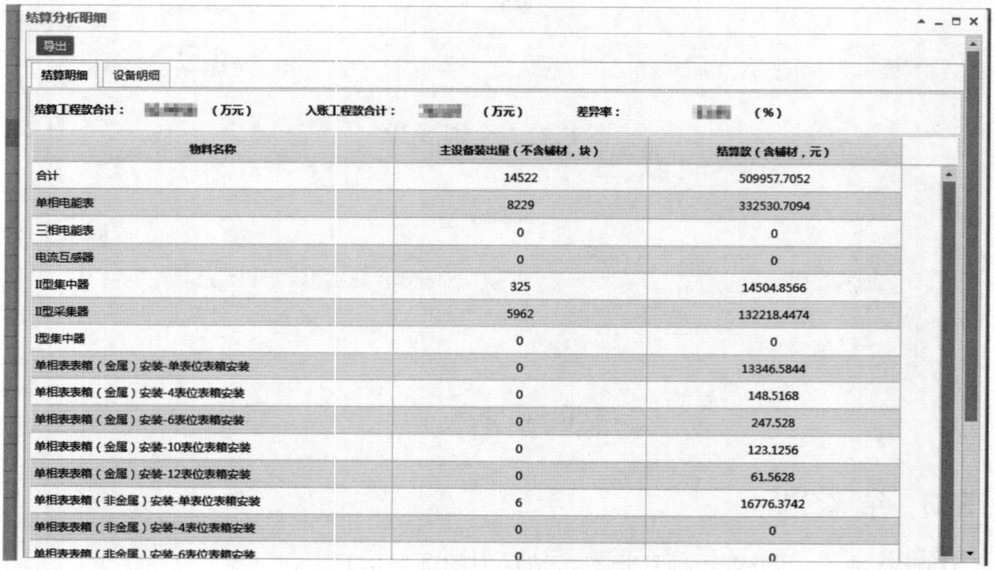

物料名称	主设备装出量（不含辅材，块）	结算款（含辅材，元）
合计	14522	509957.7052
单相电能表	8229	332530.7094
三相电能表	0	0
电流互感器	0	0
II型集中器	325	14504.8566
II型采集器	5962	132218.4474
I型集中器	0	0
单相表表箱（金属）安装-单表位表箱安装	0	13346.5844
单相表表箱（金属）安装-4表位表箱安装	0	148.5168
单相表表箱（金属）安装-6表位表箱安装	0	247.528
单相表表箱（金属）安装-10表位表箱安装	0	123.1256
单相表表箱（金属）安装-12表位表箱安装	0	61.5628
单相表表箱（非金属）安装-单表位表箱安装	6	16776.3742
单相表表箱（非金属）安装-4表位表箱安装	0	0
单相表表箱（非金属）安装-6表位表箱安装	0	0

图 E.25　结算分析明细